Геннадий Самсоненко

РЕКВИЕМ
по
Сергею Гринькову

New England 1996

The Requiem for Sergey Grinkov / Gennadiy Samsonenko

Cover designer: Dmitriy Morozov

Copyright © 1996 by Gennadiy Samsonenko

All rights reserved

ISBN 0-9655194-0-6

Library of Congress Cataloging-in-Publication Data

For information:
P.O. Box 108
South Glastonbury, CT 06073

Выражаю особую благодарность жене Татьяне, Сергею Куличенко и Андрею Подгайскому за поддержку и участие.

Геннадий Самсоненко

В детской на комоде рядом с серебряным подсвечником стоят два маленьких фарфоровых ангелочка, подаренных Екатериной Гордеевой моим дочерям. Головы потешных ангелят украшены венчиками из трав и крошечных цветов. Один ангелок очень серьезен, он стоит на коленях, молитвенно сложив ручки. Другой, улыбающийся, сидит, вытянув короткие ножки, и держит перед собой радугу.

Этот подарок напоминает мне о моих встречах с Гордеевой после смерти Сергея. Бог знает, зачем мы встретились... Может быть, душа умершего хотела, чтобы родилась мечта о создании произведения, раскрывающего величие смерти и апофеоз любви? Мы с Катей мечтали о книге, которая сделалась бы утешением и опорой для многих людей, лишившихся любимых. Во время наших встреч я видел перед собой книгу, в которой не ощущается границ между видимым и невидимым, где мир живых соприкасается с миром усопших. Биографическим и хронологическим деталям уделяется самое незначительное внимание, но, тем не менее, жизнь ушедшего в мир иной раскрывается в глубоких переживаниях оставшегося в мире этом, в духовном осмыслении смерти, которое не загоняет душу в тупик, а наоборот, поднимает человека над трагедией, даруя ему силу начать новую жизнь.

О том, как эта мечта воплощалась в жизнь, я описываю на страницах повести, в которой события соответствует действительности. Я изменил только собственное имя.

Посвящаю эту книгу Сергею Гринькову, с которым я встретился после его смерти.

Геннадий Самсоненко

The New York Times

Нью-Йорк, вторник, 21 ноября, 1995г.

Джерри Лонгман

Вчера во время утренних тренировок под руководством тренера и хореографа Марины Зуевой на катке Олимпийского Центра в Лейк Плэсиде (штат Нью-Йорк) внезапно скончался Сергей Гриньков, двадцативосьмилетний знаменитый российский фигурист в классе парного фигурного катания, обладатель двух олимпийских золотых медалей, выигранных им с женой и партнером Екатериной Гордеевой.

Немедленно прибывшая "скорая помощь" доставила Гринькова в Адирондок - Медицинский Центр, где высоко-квалифицированные врачи пытались вернуть его к жизни путем экстрапульмональной реанимации. Но спустя час, в 12:28, было официально объявлено о его смерти. Предполагается, что смерть наступила в результате приступа обширного инфаркта миокарда, повлекшего за собой остановку сердца.

Гриньков и двадцатичетырехлетняя Гордеева, чемпионы Олимпийских Игр 1988 и 1994 г.г., катались на коньках с поразительной точностью, пластичностью и синхронностью; чистота их линии восхищала зрителей и судей.

Гриньков был великолепным партнером, потому что он не стремился подчеркивать свои силовые достижения, а фокусировал все внимание на маленькой хрупкой жене, чтобы зритель мог любоваться ее очаровательным полетом в воздухе. Их большим вкладом в фигурное катание является бросок с четырьмя круговращениями, который, к сожалению, они смогли продемонстрировать лишь на тренировках.

"Они были наиболее совершенной парой, - сказал Дик Батн, двукратный олимпийский чемпион. -Они обладали такими энергией, силой и пластичностью, каких многие титулованные фигуристы просто не имеют. Сергей умел держать себя в тени, чтобы высветить достоинства своего партнера; он всегда направлял взгляд зрителя на неё".

Гриньков родился 4 февраля 1967г. в Москве и начал свою карьеру как одиночный фигурист. В 1982 г., когда ему исполнилось 15 лет, под влиянием тренера он начал кататься с одиннадцатилетней Екатериной Гордеевой. Шесть лет спустя они заняли первое место на Зимних Олимпийских Играх 1988г. в Калгари. Вторую золотую медаль они выиграли на

Олимпийских играх в Норвегии в 1994г.

В 1989г. к Гордеевой и Гринькову пришла любовь, и в апреле 1991г. они поженились. Дочь Дарья родилась в сентябре 1992г. Молодые родители купили себе дом во Флориде, а позже переехали в Симсбери, штат Коннектикут.

Несмотря на поразительное различие в размерах - ее рост 155 см. при весе 42 кг.; его рост 181 см. при весе 80 кг. - Гордеева и Гриньков были воплощением российской школы парного фигурного катания и соединяли в себе элегантность и мастерство Протопоповых с энергией и скоростью Ирины Родниной и Александра Зайцева, их предшественников - золотых медалистов.

"Они имели все - технику, романтичный стиль и чистоту, - сказала российский тренер Наталья Дудова, живущая в Лейк Плэсиде, - они катались друг для друга. Во время выступлений каждый мог почувствовать, что они неразделены".

Да будет благословенна эта страна, ставшая прибежищем для тысяч и тысяч. Угнетенные здесь находили свободу. Нищие - богатство. Чего только люди здесь не находили. Андрей Парфенов здесь нашел себя. Сергей Гриньков - свою смерть. А Екатерина Гордеева - вдовство.

Андрей Парфенов оказался в Штатах на пять лет раньше Сергея и Екатерины. Он и предположить не мог, что когда-то их пути пересекутся.

Сергей и Екатерина приехали в Штаты по приглашению Международного Центра Фигурного Катания. Андрея не приглашал в Америку никто. Его вынесла сюда волна эмиграции вместе со множеством других беженцев из разных уголков Советского Союза. В августе 1989 года с женой и двумя детьми он нашел себе прибежище на побережье Атлантического океана в штате Коннектикут.

Не будь у Парфенова любимого дела, его бы непременно загрызла тоска. В творчестве он находил выход из одиночества и ностальгии. Стихи и повести, как звенья соединяли его с духовно близкими душами, разбросанными по свету. Он посылал свои маленькие произведения в Канаду, Израиль, Германию и Россию, а приходящие от друзей письма поддерживали его веру что "не хлебом единым жив человек". Парфенов снимал маленькую квартиру в трехэтажном доме, в подвале которого находился творческий кабинет писателя. Кабинет - это громко сказано, на самом деле это был угол с маленьким письменным столом сорокалетней давности, над которым висела тусклая лампочка, и старым скрипучим стулом. Здесь было тихо и просторно, правда очень пыльно и пахло старьем. Но это не смущало Парфенова, искавшего здесь тишины и вдохновения. Однажды Андрей обнаружил, что лампочка над столом вывернута. Он вкрутил другую, но на следующий вечер ее тоже не оказалось в патроне. После исчезновения третьей лампочки, Андрей позвонил хозяину дома, и тот ему любезно объяснил, что не собирается платить за его прихоти: "За электричество в подвале платит владелец дома, - пояснил экономный хозяин приехавший с Украины в Штаты на пятнадцать лет раньше Парфенова и не питавший никакого интереса ни к поэзии, ни к прозе, - я не могу выбрасывать деньги на ветер". С этого момента Парфенов работал при свечах и без особого удовольствия ощущал себя писателем прошлого века, случайно оказавшимся в нынешнем.

Столь трогательная романтика окружала Андрея первые полтора года пребывания в Штатах. Когда материальное положение улучшилось, он снял большую квартиру в хорошем районе города, обзавелся компьютером с англо-русскими программами, письменным столом, книжными полками, и его писательская жизнь стала соответствовать условиям современного человека.

> *«Больше, чем ты один, не вынесет никто на свете. Умирая от голода, ты мучишься всем голодом, который был и будет на земле от первого дня творения до конца времен. И даже если рядом с тобой погибнут десять тысяч человек, твой голод не станет в десять тысяч раз сильнее, а муки - в десять тысяч раз дольше. И не позволяй забивать себе голову чудовищной суммой человеческих страданий: такой суммы не может быть. Ни нищету, ни боль не складывают».*
>
> *Бернард Шоу*

Весть о внезапной кончине известного российского фигуриста Сергея Гринькова за один день облетела всю Америку. Скорбное сообщение печаталось на первых полосах газет. Об этом сообщали все каналы теле-новостей. Американцы принимали самое живое участие в судьбе двадцатичетырехлетней вдовы Екатерины Гордеевой и ее дочери Дарьи.

Смерть Гринькова логически укладывалась в голове Парфенова в тот же ряд, что и гибель израильтян от разорвавшейся бомбы, или катастрофа немецкого авиалайнера над Тихим Океаном, унесшая сто двадцать человеческих жизней, о чем сообщалось в газетах двумя неделями раньше. Но это когда Парфенов смотрел на случившееся своими глазами. А стоило ему войти в судьбу неизвестной ни ему, ни миру двенадцатилетней немецкой девочки, потерявшей отца в авиакатострофе, или вообразить себя на месте всем известной Екатерины Гордеевой, как он сразу же понимал, что логика в подобных случаях - не совсем подходящая мера веса, ибо вопль по семнадцати израильским гражданам и трагедия ста двадцати немецких семей не перевешивали боли одной маленькой женщины, лишившейся своего мужа и партнера по фигурному катанию, и не потому, что одна боль была тяжелее другой, а потому, что ни то ни другое невозможно взвесить.

Как только ни доказывал себе Парфенов, что его душа болит за всех одинаково, однако фотографию из газеты, где Сергей держит на руках Екатерину, он все же вырезал. Он объяснил это тем, что его захватила волна всеобщего сострадания. Но и здесь логическое объяснение не помогло, потому что ни на следующий день, ни через неделю боль утраты в его душе не улеглась, а чувство глубокого сопереживания все разрасталось. Порой Парфенов негодовал на себя: "Ты-то тут при чем, почему это должно так тебя мучить. Он тебе ни родственник, ни брат, и она не приходится близкой знакомой". Но сердце Андрея совершенно необъяснимым образом оказалось привязанным к этой трагедии и расточало себя в соучастии и сострадании. Он собрал все публикации на эту тему, и, записав происходящие в Москве похороны Гринькова на видеокассету, прокручивал ее наедине снова и снова. Некоторым моментам он придавал особое значение; все эти моменты были переписаны им на предельно замедленной скорости, и он вживался в каждое движение, в каждую малозаметную деталь.

Он внимательно наблюдал как Екатерина у гроба, осеняет себя крестным знамением: белая рука медленно плыла над гробом к ее окаменевшему в печали лицу. "Наделит же Бог кого-то такой грацией, - размышлял Андрей, - даже скорбные ее движения красивы и безукоризненны". Он всматривался в лицо священника, указывающего Кате на небо и, видимо, объясняющего ей, что душа ее возлюбленного теперь у Бога: Катя слегка улыбнулась в ответ на его слова. Эта страдальческая улыбка выражала такое горе, такую страшную тоску, что Парфенов чувствовал как его сердце сжимается от боли.

В январе Катя с родителями и дочкой вернулась из России в Коннектикут.

Все и всегда начинается с сердцебиения. Колокол сердца возвещает человеку о приходе первой любви: разум еще не понимает что происходит, а сердце уже трепещет. И жизнь начинается с сердцебиения: еще нет ни костей, ни плоти, а маленькое сердечко уже бьется под сердцем матери. Когда микроскопические частицы мужчины и женщины сливаются, происходит мощный взрыв - первый удар сердца нового человека. Любому открытию, любой важной встрече, любому значительному делу обязательно предшествует сердцебиение. Даже те из ученых, чья сердечная ткань заменена мозговыми извилинами не станут отрицать, что прежде чем закричать "эврика", они испытывают странное волнение в области грудной клетки. Другое дело, что люди не всегда прислушиваются к голосу сердца или путают его с другими голосами.

Что касается Парфенова, то даже американская реальность не выветрила из него способности повиноваться внутреннему зову.

По возвращении Екатерины в Америку

Андрей начал ощущать в себе томление. "Принять участие в ее судьбе? - разговаривал он со своей совестью. -Какое участие? Она слишком известный человек, чтобы мне беспокоиться по этому поводу. Ее без меня уже засыпали письмами и соболезнованиями". Но сердце ныло и требовало соучастия в судьбе. "В судьбе кого? - не унимался писатель, - Гордеевой или Гринькова?"

Заложив руки за спину, он ходил по комнате, как арестант по камере. "Написать письмо? Зачем? Написать всё, что просится из сердца? Но почему я должен писать? Что это изменит?"

Екатерина не являлась его личной знакомой, но он испытывал к ней необъяснимую привязанность, словно когда-то очень хорошо знал этого человека, а теперь усиленно пытался вспомнить где и при каких обстоятельствах они встретили друг друга. Память отказывалась открывать дверь в потаенную комнату, где хранились записи всех расставаний и встреч. Тогда Парфенов сам потянулся к ручке.

30 декабря 1995г.

Светлейшая Екатерина Александровна.
Прошло сорок лет Вашего одиночества, и только теперь я отважился прийти к Вам тихим странником с горстью сострадания в своих ладонях.

Я бессилен утешить Вас в Вашем горе. Соболезнования людей способны в какой-то мере заглушить боль, но это только днем, пока люди рядом. А ночью, когда воцаряется тишина и человек остается один... О, если бы я только мог превратиться в Ангела, в невидимого, неосязаемого заступника Вашей души, чтобы поддержать Вашу веру и наполнить Вас надеждой! Увы, я могу только думать о Вас и молиться.

Скоро январь, люди будут поздравлять друг друга с Новым Годом... Но кто осмелиться поздравить Вас с Новым Счастьем?

Вам, сказочная балерина на льду, дарили много цветов, но все они быстро увядали, и память о них жила недолго. Я так хочу подарить Вам цветы бессмертия, чтобы их благоухание окрыляло Вашу душу. В маленьком саду своей жизни на трудновозделываемой каменистой почве я научился выращивать цветы бессмертия. Дарю Вам их, Катенька. Эти цветы - для тех, кто испытал на себе дыханье смерти. Я убивал себя, я умирал; поверьте, самоубийца, оставшийся в живых, имеет представление о смерти. Есть смысл парить над безжалостным льдом жизни, есть смысл радоваться даже тогда, когда меркнет солнце. Пренебрегая логикой и здравым смыслом, поздравляю Вас с Новой Жизнью, и пью вместе с Вами из чаши боли и надрыва.

Я понимаю, Вы не испытываете недостатка в сострадающих Вам людях, но не откажитесь принять мое соучастие в Вашей скорби. Дарю Вам две свои повести, которые я написал в знак благодарности Богу и Жизни за то, что превозмог черное отчаяние, толкавшее меня в пропасть и остался живым.

Не дайте зыбучим пескам черной пустыни затянуть вашу душу. Помогите новому человеку прорваться к свету, и вы не будете пленницей прошлого. Творите новую жизнь, и веруйте в воскресение мертвых.

<u>С уважением, Андрей Парфенов.</u>

Отправив Екатерине письмо и повести, Андрей облегченно вздохнул, решив, что этим он исполнил веленье сердца, которое больше не станет его тревожить. Но это было лишь началом событий.

Шестого февраля, когда Парфенов вернулся с работы, Таня - его жена - сообщила, что минут десять назад звонила Гордеева Катя и спрашивала его.

-Когда ты успел с ней познакомиться? - спросила она мужа.

-Дело в том, что я еще не успел с ней познакомиться, я только написал ей письмо и вовсе не рассчитывал, что она позвонит. Что тебе сказала Катя, оставила ли свой телефон?

-Нет, она обещала перезвонить сама.

Парфенов не совсем ясно представлял себе о чем будет их разговор. "Возможно, - думал Андрей, - она просто хочет поблагодарить меня за письмо".

Катя действительно скоро перезвонила. Ее спокойный, низкий голос лился медленно и ровно, без эмоциональных всплесков. Голос этот, без сомнения, принадлежал очень волевому человеку, хотя в какие-то моменты можно было уловить, что до трагедии он звучал несколько иначе; в нем, по всей видимости, отсутствовали виолончелевые вибрации глубокой печали. Можно не носить траурную одежду, чтобы на тебя не обращали внимания, но голос и глаза все равно будут облачены в траур по любимому человеку.

К изумлению Парфенова, Екатерина, поблагодарив его за письмо и повести, сказала, что ей очень хочется с ним встретиться.

-Когда вы хотите меня увидеть? - спросил он.

-Я бы могла увидеться с вами в это воскресенье.

-Хорошо, - сказал Парфенов, -я работаю до шести вечера; если для вас это не поздно, то мы могли бы увидеться после работы.

Они договорились встретиться в воскресенье в шесть тридцать около русского магазинчика в Вест Хартфорде.

Спокойствие Парфенова улетучилось, он снова начал волноваться и переживать. Ему не совсем было понятно, зачем Кате захотелось встретиться. Ведь если только поблагодарить, то это можно было сделать и по телефону. Не находя удовлетворительного объяснения ее желанию увидеться с ним, Андрей приписывал все Провидению, ведущему его и Екатерину к какой-то особой цели. В этом случае ему делались понятными и оправданными терзания его души по поводу смерти Гринькова.

Парфенов не пожелал встретиться с Катей ни в ресторане, ни у себя дома. Ему хотелось найти такое место, где он сумел бы выразить свое необъяснимое отношение к ее горю. В тихом городке Гластонбери на берегу быстрой речки Роринг, в двух милях от большой реки Коннектикут, находится картинная галерея, принадлежащая супругам Хоук. Когда-то Парфенов здесь выставлял картины русских художников, привезенные им из России, и у него завязались очень близкие отношения с хозяевами галереи. Объяснив ситуацию, Андрей попросил разрешения встретиться с Катей в их галерее.

К русскому магазину Катя подъехала ровно к шести тридцати. Подойдя к ее машине, Андрей представился: "Здравствуйте, Катя, я - тот самый Андрей Парфенов, с которым вы пожелали встретиться". Екатерина вышла из машины, и Андрей поцеловал ей руку.

-Можно одну машину оставить здесь, - предложил Парфенов. Хотите, я оставлю свою и поедем на вашей, а можем поехать в моей машине, мне все равно.

-Да знаете, я лучше буду ехать за вами, мне так удобней, - ответила ему Катя.

-Пожалуйста, как вам угодно, только постарайтесь не потеряться, на дорогах в это время очень много машин.

Андрей был удивлен, что Катя не боялась ехать за ним одна в неизвестность. Он очень переживал, что долгая дорога в темноте внушит ей страх, и она повернет обратно. Следовать за человеком, представление о котором имеешь только по письму... Дорога тянулась долго: минут пятнадцать - двадцать, а может быть двадцать пять. Если ехать за незнакомцем в неизвестном направлении по узкому темному шоссе, проходящему через лес, то дорога может показаться намного длиннее, чем она есть в действительности. Но Катя не повернула обратно.

-Вообще-то далековато мы заехали, - сказала она, выйдя из машины.

-Да, но это лучшее, что я мог найти для нашей встречи, - объяснил Андрей.

Войдя в галерею, Катя осмотрелась по сторонам. В малом выставочном зале на овальном журнальном столике горели две восковые светло-зеленые свечи и лампада. Свечи представляли из себя закрученные восковые полосы; пламя выжигало середину, оставляя причудливые спирали, которые отбрасывали на стены фантастические тени. Лампада тоже была необычной. Небольшое квадратное зеркальце и сердце, вырезанное из зеленоватого стекла соединяла кристальная сфера с лампадным маслом. Нежное и тихое пламя, казалось вот-вот оторвется от фитилька и улетит к небу. Сердце отражалось в зеркале, и зеркальный квадрат уже не привлекал внимания: в глаза бросались только два сердца, соединенные прозрачной сферой и пламенем. Дверь на балкон была открыта и, казалось, что речка, пробегающая рядом, течет прямо через галерею.

-Вы здесь работаете? - спросила Катя.

-Да, я делаю рамы для картин, - ответил Андрей. -Мне здесь очень нравится, так тихо, уютно, словно в ином мире. Я не представлял нашей встречи где-нибудь в ресторане, и очень обрадовался, когда мне разрешили принять вас в галерее. Вы присаживайтесь.

Он указал Кате на кресло, стоящее ближе к лампаде. Закрыв дверь на балкон, он придвинул второе кресло к столику и сел слева от Екатерины.

-Я вам очень признателен за эту встречу, - сказал Андрей, - мне дорого, что мои повести о бессмертии отозвались в вашем сердце.

-Спасибо вам за эти повести, я ничего подобного раньше не читала, ко мне так вовремя попали эти вещи. В них все такое необычное, сказочное. Не знаю, почему вы называете свои произведения повестями. Мне кажется, это - сказки. Разве я не права? - спросила Катя.

Парфенов улыбнулся и пожал плечами.

-А вы давно пишите? - поинтересовалась Екатерина.

-Лет с двенадцати.

-А здесь, в Америке, вы живете за счет публикации своих книг?

-Что вы, Катюша, я читал, что здесь даже Иосиф Бродский не мог жить за счет напечатанного.

-Ну а вообще, это ваша профессия или просто увлечение?

-Ни то, ни другое. Это - моя жизнь, Катя. Я несколько раз пытался бросить писать, поскольку для семьи в здешних условиях это - одно разорение, но каждый раз мне казалось, что я заживо себя погребаю, и вновь возвращался к старому ремеслу.

-Андрей, я приехала к вам с конкретным вопросом, - обратилась к нему Екатерина. -Одно спортивное издательство решило выпустить книгу о Сергее. Но мне будет трудно работать с американским писателем, ведь я не сумею все выразить и объяснить как бы мне хотелось. Когда я прочитала ваши повести, мне подумалось, а что если вы возьметесь делать эту книгу, ведь по-русски мне намного легче рассказать о своем состоянии, вы хорошо сможете меня понять и отобразить в книге то, что я хочу.

-Это очень интересно, Катя! - удивился Андрей. -Я не ожидал от вас подобного предложения, но об этом стоит подумать. Правда, я не совсем представляю, своего сотрудничества со спортивным писателем, который, как вы сказали, тоже будет работать над книгой: у меня свой подход к делу, у него свой. Дело тут не в профессиональных качествах, а в образе мышления. Кроме того, издательству вряд ли захочется иметь дело с посторонним человеком, ведь там есть свои люди, которые не пожелают лишиться возможности заработать. Разрешите, я подумаю о вашем предложении и позвоню вам в течение недели.

-Да, конечно, - сказала Екатерина. -Просто мне с вами было бы намного удобней работать.

Потом они говорили на другие темы. Катя рассказала, что ее друзья фигуристы готовят программу «Праздник жизни» в честь Сергея, где она тоже будет выступать. Она поведала Андрею о своих родителях, живущих с нею и испытывающих тоску по русскому общению.

-Мы с Таней могли бы пригласить ваших родителей в гости, - предложил Парфенов, - как вы думаете, это возможно?

-О, конечно, они были бы очень рады посетить вас, им ведь здесь совершенно не с кем общаться. В нашем комплексе живут и другие русские фигуристы и тренеры, но все они очень заняты, у каждого своя жизнь. В Америке непросто найти близких людей.

После разговора о родителях Андрей осторожно затронул тему смерти, спросив Катю о том, что она видит в сновидениях, какие мысли приходят к ней относительно смерти Сергея и что говорят близкие люди о постигшем ее горе. Из разговора с ней он узнал много интересного о ее духовном наставнике отце Николае, православном священнике, живущем в Москве, крестившем её, венчавшем их с Сергеем, затем крестившем дочь Дарью и, наконец, отпевшем Сережу и проводившем его в последний путь. Затем Андрей рассказывал Кате о своих переживаниях, связанных со смертью близких людей, говорил о том, что сам неоднократно находился между смертью и жизнью, но чудом оставался живым.

-Вы, наверное, понимаете, - обратился он к Кате, - что умер не только Сережа. -Вы тоже умерли для прошлой жизни. Вы хорошо помните прошлое, оно у вас перед глазами, но это не значит, что вы в нем живете. Сон тоже можно помнить. Смертью Сергея вы рождены в новую жизнь, но еще не освоились в ней.

-Да, - подтвердила Катя, - вы правы. У меня такое впечатление, что я заново открываю для себя мир. Многие знакомые вещи видятся по-иному. Вот и ваши повести о бессмертии души мне сейчас очень понятны, а раньше я их, пожалуй, не поняла бы. Когда я улетала из Москвы, отец Николай дал мне молитвы. В прошлом я бы ничего в них не разобрала, а сейчас мне доступен их смысл, я понимаю о чем молюсь.

-А своими словами вы не пробовали молиться?

-Ну как же, - сказала Катя, - своими словами я молюсь чаще всего. Мне кажется, Бог понимает меня лучше, когда я к Нему обращаюсь своей молитвой.

-А давно вы приняли православие? - спросил Андрей.

-Если честно, мне храмы всегда внушали благоговейный страх, я боялась туда заходить. Помню, еще до замужества, когда мы с Сережей были в Европе, я не могла преодолеть страха перед соборами. Это он меня научил любить храмы. Он говорил: "Да чего ты боишься, я же буду рядом". И так я с ним однажды вошла внутрь какого-то собора в Германии. У меня было ощущение, будто я оказалась за пределами нашего мира. Как видите, Сережа сыграл свою роль в моей религиозной жизни. А года за два до свадьбы я крестилась в православную веру. Потом мы венчались в церкви; ну а вследствие этого через год пришлось Дарью крестить.

- Такое может случиться только с безумно

влюбленными людьми, - заулыбался Парфенов. -Практичные люди сразу после свадьбы занялись бы детальным планированием семьи, а вы, похоже, даже не думали спускаться с облаков на Землю.

-Это точно, - согласилась Гордеева. -У нас с Сережей все получалось неожиданно. Так я однажды поняла, что не могу без него жить. Мы всегда были вместе, наши отношения формировались годами, но, знаете, одно дело кататься с человеком, который всего лишь твой партнер на льду, а совсем другое - кататься с любимым, особенно когда он не знает, что ты влюблена в него. Представляете, жизнь обретает совершенно другой смысл. Ты становишься какой-то озаренной и очарованной что ли. Вообще, это удивительное чувство: столько раз этот человек прикасался к моему телу во время тренировок и выступлений, и вдруг его прикосновения стали вызывать трепет... Потом так же неожиданно пришла Дарья. Боже, как хорошо, что у меня есть эта маленькая Сереженька, без нее я намного тяжелее переживала бы разлуку с Сергеем, который так неожиданно ушел.

Опустив глаза, Катя долго смотрела на огоньки свечей и лампады.

-Я хочу чтобы вы унесли с собой эти свечи и лампаду, - сказал Андрей. -Это - символы. Видите это сердце, его можно осязать, оно материально. А второе сердце - в зазеркалье, до него нельзя дотронуться, оно - в ином измерении, но оно существует точно так же как и это сердце, к которому можно притронуться. Это вы с Сергеем. Вы здесь, он там, но вас связывает чистая сфера и огонь, ваши души общаются через свет. А вот на этой открытке изображена картина Ханса

Вемера, здесь тоже показаны два мира. Наш мир здесь, в подземелье, среди тесных улиц и высотных домов, а Сережина душа обитает над высокими горами в свободном, ничем не сдавленном пространстве. Эта открытка тоже ваша, возьмите её.

Чувствовалось, что слова Андрея отзывались в сердце Екатерины. Особенно ей понравилась картина Вемера. Андрей аккуратно упаковал свечи, лампаду и открытку в коробку и отнес их в Катину машину.

Катя поднялась с кресла, открыла стеклянную дверь и, выйдя на балкон, долго стояла над рекой.

-Рядом с нашим домом, в Симсбери, тоже протекает река, - сказала она вернувшись в галерею. -В своем письме вы мне писали: "прошло сорок лет вашего одиночества", вы, наверное, имели в виду дней, а не лет? - поинтересовалась Катя.

-Напротив, - спокойно сказал Парфенов. -Это для постороннего наблюдателя прошло сорок дней, а для вас время текло иначе: дни тянулись как годы.

-Вы правы, - согласилась Екатерина. -О каких это зыбучих песках черной пустыни вы писали мне в своем письме? - неожиданно спросила она, - и почему вы называли себя самоубийцей, оставшимся в живых, что вы имели в виду?

-Только то, что я сейчас живой, а не мертвый. Могло бы быть наоборот.

-А пески? Какое они имеют отношение к самоубийству и ко мне?

-Я имел в виду пески Каракумов, - пояснил Андрей. -Это, конечно, длинная история, но ее можно рассказать коротко, если хотите. Но вы, кажется, засобирались домой?

-Нет, нет, я готова слушать, - твердо сказала Катя и села в кресло.

-В шестнадцать лет, - начал Парфенов, - я влюбился в соседскую девушку Нину. Она была на год старше меня, дружила с моей сестрой и часто приходила к нам в гости. Мы жили в Узбекистане в сельской местности, у родителей был собственный участок с большим фруктовым садом и десятком сортов прекрасного винограда. К глинобитному дому отец пристроил веранду с плоской крышей, и в летнее время любители романтики из соседних трех домов приходили к нам ночевать на крыше.

-Прямо как на Востоке, - засмеялась Катя.
-Да это и был Восток, - продолжал Андрей. -Жителям великих столиц трудно понять такую экзотику. Но, поверьте, это - незабываемые переживания: засыпать на крыше под звездным небом и, любуясь, мириадами мерцающих огоньков думать о любимой, которая спит на противоположном конце крыши. Надо сказать, что все эти любители "Востока" воспитывались в очень строгих религиозных семьях, поэтому дистанция между мужским и женским лагерем была приличная, и вольностей никто не допускал. Так что я мог лишь мечтать о любимой. Разумеется, моя любовь была сокровенной тайной; никто о ней не знал и, как мне думалось, даже не подозревал.

Может быть, вам это покажется смешным, но мне не хотелось признаваться ей в любви. Мне казалось, что стоит промолвить одно только слово на эту животрепещущую тему, как все тут же развеется и утратит смысл. Кроме того, я был уверен, что Нина и так все чувствует и сама влюблена в меня такой же таинственной любовью. Каждое ее обращение ко мне, каждую улыбку и любой знак внимания я воспринимал как откровенные признания в любви. Мне казалось бессмысленным объясняться в том, что было понятно без всяких объяснений.

В этой моей тайной любви было столько очарования, что сейчас мне даже удивительно, как много благоговейного трепета могло умещаться в мальчишеском сердце.

Я сохранил любовь к своей богине до самой армии, и в армии она являлась моей тихой пристанью, где я отдыхал душой. Я ее не вспоминал, а помнил ежечасно. Ее фотографию я все два года носил в левом нагрудном кармане. Я писал ей письма, и она мне отвечала. Однажды меня позвали на пропускной пункт, и я не поверил своим глазам: Нина, моя Нина улыбалась мне. Она приехала с моей сестрой, и я имел право любоваться ею в течение трех дней. Тут бы, казалось, и объясниться с ней, но я решил, что ее приезд, ее желание увидеть меня и моя безграничная радость по поводу ее появления - выше всяких слов. Я считал, что блеск моих влюбленных глаз лучше любых разговоров на эту тему.

После службы в армии я еще целый год наслаждался своей, сотканной из тончайших волокон грез неприкосновенной любовью. Мне страшно было подумать о том, чтобы впервые сказать ей "люблю". Тогда я решил не говорить, а написать. Как мог, я изложил в письме, что настало время обнародовать нашу тайную любовь. Я благодарил Нину за то, что ее любовь помогла мне в армии, за то, что влекомая чувствами ко мне, она решила посетить своего пленника в погонах. Описав свое возвышенное отношение к ней, в конце письма я предложил ей тайное сделать явным и выйти за меня замуж. Утром я отдал ей свое письмо.

Все это происходило в день рождения сестры. Вечером, когда Нина пришла поздравить свою подругу, я попросил ее выйти со мной в наш сад.

-Нина, - промолвил я, весь дрожа, - ты прочитала мое письмо?

-По-моему, ты бредишь, - рассмеялась она, - как ты посмел утверждать, что я тебя любила?! Я никогда не испытывала к тебе никаких чувств, кроме добрососедских. И в армию к тебе я поехала только потому, что хотелось прокатиться по России, ну и тебя заодно посетить. Твоя сестра попросила составить ей компанию. Остынь, ради Бога. И вообще, пойдем в дом, а то люди подумают о нас с тобой не знаю что.

-Хорошо, иди, - спокойно сказал я, стараясь выглядеть невозмутимым. -Я приду чуть позже.

В одну минуту жизнь отступила от меня, и я оказался в руках смерти. Убежав далеко от дома в поле, я упал под тутовым деревом на отжившую траву и корчился от боли. Да, я рыдал, кричал, стонал, впивался ногтями в корни дерева, хотел грызть землю, но едва теплящийся огонек здравого смысла удерживал меня. Потом я очнулся, ведь меня ждали на именинах. Умывшись холодной водой из ручья, что протекал между полями, я с величайшим трудом натянул на свое лицо маску нормального человека, способного шутить и улыбаться. (Только год спустя мои родные узнают, какая боль надрывала мое сердце). В тот вечер я был в ударе. Так, во всяком случае, отозвалась о моем настроении сестра. Я

27

рассказывал смешные истории и анекдоты, хохотал, и обращался как ни в чем не бывало к Нине, чуточку даже смущая её. Но все заканчивается ночью. Тот "веселый" вечер тоже, наконец, погрузился во тьму. И я остался один.

Это была середина декабря, но морозов еще не было. Далеко за полночь, когда в доме все спали, я одел свою солдатскую шинель, залез на крышу и долго сидел под яркой луной и тусклыми зимними звездами, пять с половиной лет назад навеявшими мне любовь к недоступной девушке, спавшей рядом с местом, где я сейчас сижу. Мне хотелось что-то с собой сделать, но что я мог сделать? Мысль о самоубийстве, благодаря религиозному воспитанию, не приходила в голову. Однако, я понимал, что с маской я долго не проживу: она меня задушит. И я решил бежать. Все равно куда, только бы бежать. Мне необходима была не цель, а сам процесс бегства. Видеть изо дня в день Нину и медленно умирать от любви к ней было бы невыносимой пыткой, ведь после ее отказа я стал любить ее еще сильнее.

Мне понадобилось ровно три дня, чтобы уладить все дела, собрать чемоданчик с одеждой и взять билет - в никуда. Сейчас мне трудно припомнить, что именно я насочинял своим родителям о целях моего отъезда, но это были такие сильные доводы, которые победили все их возражения. Они благословили меня в путь.

Туманным утром я сел в поезд, идущий до Ташкента. (В зимнее время в Ферганской долине порой по несколько дней стоял непроглядный туман). Поезд медленно полз сквозь густую молочную гущу, все время подавая тоскливые протяжные гудки, словно воя за меня. Я чувствовал всем телом удары колес на стыках, и мне казалось, будто я сам колесо, пущенное кем-то с горы. Куда я качусь, зачем, где остановлюсь? Разве может разогнавшееся колесо знать об этом. Маска сползла с лица, и, чтобы не пугать пассажиров, я лежал на второй полке отвернувшись к стене, лишь изредка глядя в окно. Подъезжая к Ташкенту, я стал лихорадочно думать, куда бы мне податься. Перебрав в голове знакомых и перелистав блокнот с адресами, я решил отправиться еще дальше, в Центральные Кара-кумы. Через два дня я был в Небит-Даге - небольшом городке, расположенном в пустыни, недалеко от Каспийского моря. Мне удалось встретить добрых людей, у которых я снял комнату. Дней через десять я устроился водителем в нефте-разведывательную геологическую партию. Работа была вахтовая: две недели в песках, десять дней дома. Но так как дома у меня не было, то я все время проводил в песках. Мое тело сжигали солнечные лучи, кожа сделалась шоколадной от загара, а душу жгла несчастная, безответная любовь.

В первый же месяц я отправил Нине несколько писем, в которых умолял ее мне ответить. Но она молчала. Я позвонил сестре и просил узнать, получала ли Нина мои письма. Сестра вскоре ответила, что ее подруга все письма получила и обещает ответить в самое ближайшее время. Но тянулись месяцы моей пустынной жизни, а от нее - ни слова.

Эта безумная любовь, казалось, выела мои внутренности. Уходя ночью далеко от базы, я бродил босиком по хранящим дневной зной барханам, не боясь ядовитых змей и скорпионов. Разве они могли сделать мне больнее, чем сделала моя девушка? Напротив, они бы только помогли оборвать мучения, причиненные ею. Боясь думать о самоубийстве, я тем не менее искал смерти везде. И несколько раз она проходила в миллиметре от меня, обдавая холодом. Не сознавая того, я сделался живым самоубийцей. Однажды, во время бурения скважины, напившийся до горячки бурильный мастер потянул не за тот рычаг, и тяжеленная чугунная штанга просвистела там, где мгновенье до того находился мой висок. Штанга лишь задела мое ухо, лицо стало мертвенным, как у покойника (кем я и был внутри). Таким же бледным и немым подбежал ко мне, мигом протрезвевший, мастер. Потом был случай, когда заклинило буровую установку. Бурильщики уехали на базу, оставив меня на ночь сторожить машину. Вечера были длинные, и я решил сам попытаться сорвать заклинившую резьбу. Для этого я использовал пятнадцатитонный домкрат и толстую двухметровую металлическую вилку. Идея была безумная, но я не думал тогда об этом. Домкрат находился в горизонтальном положении, а точкой опоры домкрата являлась выпуклая поверхность, что в десятки раз увеличивало риск. Оттянутая до предела вилка, как тетива лука в любой миг готовая выпустить смертоносную стрелу, находилась на уровне моей переносицы: как будто нечистая сила толкала меня в объятья смерти. Не знаю, за какие заслуги чья-то добрая невидимая рука пригнула мою голову, и... вилка сорвалась, краешком зацепив мизинец правой руки и разворотив его. Только увидев раздробленный палец я понял, что заигрывал со смертью. Перебинтовав мизинец, я дождался ночи и улегся на песке под звездами. А звезд над пустыней столько, сколько песка под звездами. Только небесный песок светится сплошным сиянием, из которого выделяются лишь особо яркие звезды. Я всю ночь не спал от боли. Но странно, я не помню боли раздробленной кости, потому что она была ничем в сравнении с болью безответной любви. Утром приехали бурильщики и отправили меня в больницу зашивать палец.

Пробыв неделю в городе, я снова вернулся в пески. Прошло полгода с того дня, как я покинул отчий дом и переехал в пустыню, и ровно шесть лет с той летней ночи на крыше, когда я почувствовал любовь к Нине.

Что-то странное творилось во мне. Словно неизвестный человек выбирался из под завала. Когда этот человек расчистил дорогу к свету, настало утро новой жизни.

Я проснулся раньше обычного, и пошел, как всегда, на барханы, озаренные лучами восходящего солнца, любоваться лицом моей любимой, и чертить ей на песке признания в любви и молитвы. Ночью шел дождь. Шагая босиком по мокрому песку, я вдруг почувствовал, что давно забытая радость жизни просится в мою измученную душу. Подойдя к бархану, который в течение шести месяцев служил мне алтарем, я достал из нагрудного кармана ее фотографию, (ту, что я носил в армии), и положил у своих ног. Далее должно было повториться до автоматизма отлаженное действо: преклонение колен, благоговейный шепот ее имени и старательное вычерчивание букв и знаков на песке рядом с ее фотографией; а потом - слезы на глазах, либо вымученная улыбка, в зависимости от состояния. Я смотрел на ее лицо, у моих ног, как вдруг конвульсия прошла по моему телу, и вместо преклонения колен я наступил на фотографию и глубоко вдавил ее в песок. Потом еще и ещё, глубже и глубже. Тяжело дыша, я засыпал могилу песком и принялся топтаться по ней. "Шесть лет, шесть лет, - кричал я, - только мечты и боль, и вечно разодранное сердце. И это я считал любовью? Нет, довольно! Больше я не позволю обманывать себя: это была не любовь, а мука. Всё, точка! - заорал я на всю пустыню, так, что какая-то птица вспорхнула из ближайших кустарников. -Отныне пишется новая книга, и я не позволю замарать эти чистые страницы".

Я бежал прочь от своего алтаря зная, что никогда более не вернусь к нему. И если бы Нина вдруг оказалась рядом, упала передо мной на колени и стала умолять вернуться к ней, это было бы невозможно, потому что двери в страну мрака захлопнулись за моей спиной. Я не мог вернуться назад.

Оставшиеся полгода я праздновал новую жизнь. Открыв для себя очарование пустыни, я наслаждался восходами и закатами, влюбился в звездные ночи. Я нашел, что никакая музыка не способна выразить дух песков так, как музыка народа, живущего здесь. Слушая монотонное пение туркмена, аккомпанирующего себе на двухструнном дутаре, я понимал, что оно как нельзя лучше гармонирует с окружающим нас тоскливым обликом песчаных барханов, и европейский симфонический оркестр здесь звучал бы нелепо.

Отбыв год в Каракумах, я решил ехать домой через Москву и Ленинград. В течение двух недель я наслаждался свободой и искусством, бродя по музеям и выставочным залам.

Вот почему я написал вам: "Не дайте

зыбучим пескам черной пустыни затянуть душу".

-Да, с характером была девушка, - заметила Катя. -Однако, Андрей, мне нужно ехать, уже очень поздно, - вдруг забеспокоилась она.

-Я думаю, вы без труда найдете обратную дорогу? - спросил Андрей.

-Что вы, я сама не выберусь из этой глуши, пожалуйста, проводите меня до центральной трассы.

-Конечно, я вывезу вас отсюда. Спасибо Катюша, за эту встречу.

-И вам спасибо, Андрей. Приходите, если хотите, на мое выступление двадцать седьмого февраля. Вообще, я думаю, мы еще с вами обязательно встретимся.

Проводив Екатерину, Андрей вернулся в галерею и в одиночестве долго размышлял о недавней встрече.

Домой Парфенов приехал в двенадцатом часу ночи.

-Танечка, - начал он с порога, - я мог предположить что угодно, но только не это. Катя предложила мне работать с нею над книгой о Сергее.

И он принялся подробно рассказывать о том как прошла их встреча.

-Андрюша, это судьба, - говорила Таня, - наконец-то у тебя появится возможность заниматься любимым делом. Божьи пути неисповедимы, кто бы мог знать, что все так получится.

Рано утром писатель отправил Гордеевой письмо.

11 Февраля 1996г.

Ясное солнышко Катя,
Разъехались мы кто на запад, кто на восток; а душа моя еще долго летела за Вами...

Затем я вернулся в галерею, где запах воска и Ваше дыхание растворились в воздухе, сел в Ваше кресло и долго думал о Вас. Потом стал разговаривать с Сережей: "Сергей, только что я расстался с Катей; мы говорили о тебе и о том, что связано с тобой. Все шероховатости земной жизни сгорели в огне смерти, и в образе твоем - только свет. Мир душе твоей, путник во Вселенной, да будет дорога твоя усеяна сверкающими звездами, пусть встретит тебя новая жизнь с распростертыми объятьями; будь спокоен за доченьку и Катюшу, живущих памятью о тебе. Душу твою - огненную птицу - никто не привязывает к Земле: лети в вечность, пари в беспредельности, ибо ты освобожден от уз трагедии и безутешной скорби. Сережа, странник небесный, Катя благословила тебя в дальний путь; также и ты благослови ее на новую жизнь, в которую она рождена твоей смертью. Пусть никто не увидит на матери твоей девочки серого покрывала горя. Окрыли её, добрый небожитель, светлой надеждой. Во всех новых встречах, новых начинаниях и новой любви дай понять твоей хрупкой половинке, что отныне и до конца дней ты будешь радоваться ее радостью, будешь счастлив ее счастьем и покоен ее покоем. Дай ей уверовать, что только светлые настроения ее сердца, только радость и все что - свет, может подняться к тебе, ибо ты теперь пребываешь в вечном свете. Являйся умиротворяющим ангелом в сновидения

Кати, дай ей ощущать твою поддержку и заботу, и да пошлет ей Бог глубокого отдыха и тихих снов ночью, силы и радости - днем. Странствуй, Сережа, с радостью; когда-то наши души тоже поднимутся к тебе и мы будем кружиться в солнечном танце, торжествуя бессмертие".

Вы, Екатерина Александровна, воспринимаете меня сказочником. Что ж, сказочник так сказочник. Вот только для меня эти "сказки" являются высшей реальностью, а не вымыслом мечтателя. Если я разговариваю с Сергеем, то я верю, что он слышит меня. Пусть кто угодно смеется, но я-то знаю, что это так. Вилье Де Лиль-Адан в трагедии «Аксель» задолго до моего появления на свет утвердил то, к чему я, не зная Адана, шел в одиночку. "Твоя личность, - писал он, - это долг, который должен быть уплачен до последнего волокна, до последнего ощущения, если ты хочешь обрести самого себя... Мир никогда не будет иметь для тебя смысла иного, чем ты сам дашь ему. Возвеличь же себя под его покровами, сообщая ему тот высший смысл, который освободит тебя. И так как никогда ты не сможешь стать вне той иллюзии, которую ты сам себе создал о Вселенной, то избери же себе наиболее божественную". Я имею право выбора, и пользуюсь им. Откликнулась же Ваша душа на мой выбор, захотели же Вы принять величие и таинство смерти вместо того, чтобы убивать себя каждодневным самоистязанием, терять форму, самообладание, а главное, не задумываться о том, какие муки можно причинять этим умершему.

Никогда не забуду, как Вы внимательно слушали меня: глаза у Вас глубокие, ясные, и взгляд сильный. С Вами очень легко общаться. Мне дорого, что наша встреча состоялась, радостно, что Вы первая протянули мне руку, сам-то я вряд ли бы осмелился беспокоить Вас предложением о встрече.

Расставшись с Вами, я почему-то вспомнил А. Вознесенского, который как нельзя лучше выразил положение духовно близких душ в мире: Нас мало, нас адски мало,//И самое страшное, что мы врозь...

Помните «Порыв» Шумана? (Моя Таня очень хорошо его исполняет.) Вот таким я мыслю Ваш "Танец с Ангелом", огненный танец на льду, олицетворяющий победу жизни над смертью, радости над горем, улыбки над печалью. "Танец с Ангелом" - это не выдумка, я словно присутствовал на постановке и видел Вас танцующей. Сначала идет имитация движений, будто вы на льду с Сережей, но вдруг его душа вырывается и уносится ввысь, вы тянетесь за ней, пытаетесь остановить ускользающую душу, но бессильны, она покидает Вас, и Вы остаетесь в страшном одиночестве. Вы падаете, пытаетесь подняться, но лед тянет Вас к себе. Превозмогая земное притяжение, Вы обретаете легкость бабочки и веру ребенка, Ангел спускается к Вам и Вы вся отдаетесь во власть танца жизни. И это нечто совершенно новое, захватывающее в Вашем творчестве.

Вот какие вещи Вы исполняете в хрустальном театре моего воображения, волшебная моя Катька, ведь я безумно в Вас верю и знаю, что лучшие Ваши исполнения, наперекор всем бедам, еще впереди.

Сочту за счастье присутствовать на Вашем выступлении в Хартфордском Сивик Центре, только не подскажите ли Вы мне, как можно заказать такие места, чтобы видеть Вас близко-

близко, ведь я теперь буду по-особому переживать за Вас.

Что касается книги о жизни Сергея, то я имею кое-какие соображения, о чем нам лучше поговорить при встрече. Когда-нибудь я выкрою минутку, подъеду к Вам и мы обсудим этот вопрос.

Сборник сказок завезу или пришлю почтой в ближайшее время.

Не знаю, любите ли Вы писать, но я с радостью получил бы от Вас письмо, ведь часто на бумаге можно выразить то, что не всегда скажешь в разговоре. Кланяюсь Вашим родителям и дочке.

Да хранит Вас небо.

А. Парфенов

То, что Парфенов называл в письме "кое-какими соображениями" по поводу книги, в действительности являлось озарением, высветившем в его сознании всю книгу целиком. Тема произведения, его главная идея, образы героев, события, диалоги и монологи книги воспринимались Андреем так, будто он уже давным-давно написал эту вещь, а теперь, перечитывая её, вносил некоторые поправки.

Он не проводил четкой грани между миром физическим и духовным, поэтому замысел его книги предполагал тесное взаимодействие этих двух сфер. В его замысле, внешняя, хронологическая действительность близко соприкасается с потусторонней реальностью, и если в жизни воду и огонь нельзя соединить, то в книге эти стихии сосуществуют.

Писатель был начинен своей идеей, словно взрывчаткой. Чувствовал себя прислоненным к толстенной бетонной стене, заслонившей свет, он ждал когда волеизъявлением конкретного человека соединятся контакты и он, взорвавшись, разнесет бетон на куски, открывая дорогу свету.

Ощущения эти были столь сильны, что Парфенов действительно прислонялся спиной к стене своего кабинета и минутами стоял без движения. Он не мог взорваться самопроизвольно. Будучи зависимым от воли Екатерины, он страдал в ожидании следующей встречи с ней, чтобы скорее изложить суть своей идеи, получить ее согласие и начать работу.

В среду, четырнадцатого февраля Андрей позвонил Гордеевой.

-Катя, вы не представляете, - пытался он передать свои чувства, - как я мечтаю скорее увидеться с вами и поговорить о Сережиной книге. После того, как мы расстались, я четко увидел, что из себя должно представлять это произведение. Когда я могу встретиться с вами?

-Думаю, это невозможно, - ответила Екатерина. Я очень занята и мы вряд ли сможем еще раз увидеться; впрочем вы можете по телефону рассказать мне всё, что у вас есть.

-По телефону об этом трудно говорить. Кстати, вы получили мое письмо? - спросил Андрей.

-Нет, - ответила Екатерина, - я еще ничего не получала.

-Тогда дождитесь моего письма, - старался казаться невозмутимым Андрей, - и позвоните мне, пожалуйста, когда вы его получите.

Парфенов был в полнейшем недоумении.

Человек, говоривший ему три дня назад, что хочет увидеться с ним снова, теперь заявляет, что встретиться невозможно. Он постарался не давать воли своей мнительности и решил дождаться Катиного звонка.

Ни в среду вечером, ни в четверг Катя не позвонила. В пятницу он отважился позвонить ей сам.

-Андрей, - раздался в трубке ее радостный голос, - как хорошо, что вы позвонили. Я прочитала ваше письмо и мне не терпится скорее услышать, как вы представляете себе книгу о Сергее. Прежде всего, хочу вам сказать, что я заказала для вас с женой билеты в Хартфордский Сивик Центр на "Праздник Жизни". Вы можете забрать их за час до начала концерта. Нам нужно увидеться как можно быстрее. Маме тоже очень хочется вас увидеть у нас дома. Приезжайте к нам в это воскресенье, к четырем дня. Мы будем вас ждать.

Парфенов был сражен столь резким перепадом от пренебрежительного нежелания увидеться с ним до искреннего и радостного приглашения к себе домой. Он спешил подготовить к назначенному дню как можно больше материала, чтобы легче было объяснить Кате суть своего замысла.

Настало утро долгожданного воскресенья и раздался звонок, нет не в дверь Гордеевой. Звонил телефон в доме Парфенова.

-Андрей, вы извините, что так получается, - извещала Катя отрешенным тоном, - но наша встреча сегодня не состоится. Я должна ехать в Нью-Йорк.

-Жаль, очень жаль, - отреагировал Парфенов, - но ничего не поделаешь. Может быть, я подъеду к вам на неделе?

—Нет, этого тоже не получится, я буду загружена всю неделю, вплоть до «Праздника Жизни».

И снова провал, снова отчужденный голос, выражающий абсолютное безразличие к тому, чем живет и бредит Парфенов. Андрею трудно было понять это самому, еще труднее объяснить это Тане, которая видя его переживания, старалась смягчить обстановку.

—Андрюша, не сердись, — просила она, — успокойся, она ведь очень занята, ей сейчас не до тебя. Ты же видишь, что каждый журналист пытается взять у нее интервью, ты обязан ее понять.

—Да её-то я понимаю, — объяснял Андрей, — и журналистов тоже понимаю, а вот своего положения никак не могу понять.

Спустя час раздался другой звонок, вернувший Парфенова к действительности: в нем нуждались, его звали на помощь.

В понедельник он отправил Екатерине письмо.

February 19, 1996

Здравствуйте, Катя.

Когда Вы мне сообщили о том, что наша встреча не состоится, я испытал чувство, подобное тому, когда человеку объявляют, что выступление, к которому он очень долго готовился, по непонятным причинам отменено. Но вечером того же дня я с большим изумлением открывал, что Вы явились милосердным спасителем, отведшим беду от одного человека. Никогда не знаешь, где кончается случайность и начинается закономерность. Дело в том, что спустя час после Вашего звонка мне позвонил один американский адвокат из Нью-Хевена и попросил о встрече. После работы я приехал в ресторан, где он заказал столик, сел напротив и стал слушать. Это очень богатый человек, с огромным поместьем, с миллионами, со всякими там "Benz"... Но, Боже правый, до чего же он одинокий и несчастный. Он рассказывал мне о своей жизни и говорил, что если раньше был темный период, то теперь черный. Мне даже неловко было слушать когда, изливая свою боль, он называл меня ангелом и благодарил за то, что я пришел.

-У меня нет никого, - сказал он, - кому я мог бы открыть душу, (хотя у него и жена, и двое взрослых детей, и много знакомых), сегодня я был на грани самоубийства, как хорошо, что ты пришел мне помочь, ты спас меня.

-Не я вас спас, - отвечал я, - а Катюша Гордеева, ее чуткое сердце, отозвавшееся на ваш стон.

И я рассказал ему, что сейчас мог бы находиться у Вас, но вы перенесли нашу встречу. Вот ведь какой маленький мир, даже совершенно незнакомые люди связаны между собою. Мне стало стыдно, что первая моя реакция на Ваш звонок о невозможности встречи была очень похожа на обиду, будто меня приравняли к подростку, домогающемуся автографа. Недаром русская народная мудрость веками взывает к человеку:

Подумаешь - горе, раздумаешься - власть Господня.
Что Бог послал, то и мяконько.
Счастье в нас, а не вокруг да около.

После нашей первой встречи я много думал о том, какой должна быть книга о Сережиной жизни и смерти. Можно выпустить хорошо оформленную документальную книгу с подборкой великолепных фотографий, с воспоминаниями и теплыми отзывами родственников и друзей, а также с подробной биографией. Это что-то вроде: "Was born, had lived and died". И это всё? Да ведь в Америке любого известного человека умершего своей смертью или погибшего трагически, чтят подобной книгой. О, что Вы, что Вы, я не спорю, такая книга очень даже нужна, и хорошо, что она будет, но ведь этого мало... Разве человек, сгоревший над льдом и Вы, парившая вместе с ним в невесомости танца, не заслуживаете настоящего памятника - книги, которая давала бы читателю возможность прожить вашу жизнь, а не просто соприкоснуться с информацией о жизни; книги, которая была бы способной передать всю глубину трагедии, когда в одно мгновение рушатся все планы, все мечты и надежды на прекрасное будущее, и мрачная безысходность захлестывает с головой; но в то же время душа находит в себе силу верить и жить, и прорывается сквозь толщу могильной плиты к свету небесному. Ведь в этой ситуации главное не что сказать, а как сказать.

Это было в понедельник, двенадцатого февраля, около полудня, когда я внезапно увидел перед собой нашу книгу. Набросав костяк и общую идею, я примчался к Танюше и на одном дыхании изложил, какую вещь можно было бы создать. Таня загорелась этой идей и сказала: "Эх, если бы ты смог с таким же жаром рассказать Кате об этом произведении". Вот почему мне хотелось увидеть Вас как можно скорее, и я очень обрадовался, когда Вы сказали, что есть возможность встретиться в Вашем доме, где будут присутствовать Ваши родители, мнение которых о моем замысле очень важно для меня, да и для Вас, я надеюсь, тоже.

К середине недели мой архив пополнился новым разделом, помеченным предварительным названием книги "Екатерина Гордеева: первая глава новой жизни". Разве я когда-нибудь думал, что из таких загадочных пересечений родится вещь, которая захватит меня и сделает своим пленником. Я не предполагал, что мы встретимся, не представлял, что Вы заговорите о книге, не воображал, что наш разговор прожжет мне душу и выплавит из нее новое творение, без которого я уже не мыслю своей жизни. Смело могу сказать, что все это пришло в мою жизнь чудесным образом.

Я ищу встречи с Вами во-первых для того, чтобы поделиться своими радостными открытиями насчет книги, а во-вторых, чтобы обсудить чисто практическую сторону дела, ведь если удастся сделать книгу читаемой, то это положительно отразиться на Вашей с дочерью материальной жизни. Сомнения в том, быть этой вещи или не быть, у меня не возникает: она будет, потому что она есть. Вопрос состоит лишь в том, насколько тесно новое произведение будет связано с Вашим именем. По большому счету, книга не утратит своей силы, если герои будут носить не конкретные, а отвлеченные имена, если будет изменен возраст, название городов и пр. Но насколько сильней получится вещь, если она будет написана конкретно о Вас с Сережей. Только ради Бога, постарайтесь не думать о том, что мне всего лишь хочется воспользоваться Вашим именем и Вашей известностью с целью популяризации своего творчества. Что касается имени, то я чужого не хочу, ибо я выстрадал свое имя и свое место под солнцем. А что касается известности, то еще в 1986 году я сформулировал свой символ веры, который для меня не утратил своей актуальности и по сей день:

**Подавить в себе восстанье злобы,
О своей безвестности забыть,
Спрятаться и затаиться, чтобы
Арестантом времени не быть.**

**Предпочесть пророческое бремя
Легкости сиюминутных строк.
И пускай заискивает время,
Тыча в рот увесистый кусок.**

**Но потом из тьмы противоречий
Вырваться, и через много лет
Уронить грядущему на плечи
Свою боль и свой багряный свет.**

Буду очень признателен, если при всей Вашей занятой жизни Вы найдете для меня кусочек времени. Если все будет благополучно, я позвоню Вам 28-29 февраля.

Желаю силы и вдохновения на льду. Мы с Таней с нетерпением ждем момента, когда увидим Вас Хартфордском Сивик Центре.

Искренне Ваш,

А. Парфенов

Парфенову не хотелось пускаться в плавание на авось. Он не мог начать книгу не имея уверенности, что Екатерина согласится быть главным ее героем. Ему нужна была твердая гарантия, что она готова принять участие в этом деле. Писать, чтобы потом изорвать все в клочья, ему не хотелось, поэтому он, как запруженная река, ждал своего часа, чтобы прорваться.

The Hartford Courant

Воскресенье, 25 февраля 1996г.

"На прошлой неделе в офисе своего агента Е. Гордеева встретилась с четырьмя американскими спортивными писателями.

Изящная приемная с обшитыми красным деревом стенами, высоким потолком и паркетным полом очень соответствовала истории, рассказанной Катей. Кожаные кресла были расставлены полукругом на роскошном персидском ковре. За окном выл холодный ветер, а в камине потрескивали дрова. Гордеева тихо вошла в комнату и пожала всем руки.

В течение следующего часа она выглядела непринужденной; в огромном кресле ее миниатюрная фигурка казалась гномиком. Когда во время разговора Гордеева наклонялась вперед, в движении ее ладоней, покачивающих чашечку с кофе, было столько утонченной грации!

В ее темных глазах таилась глубокая печаль, хотя в какие-то моменты ее лицо озарялось красивой улыбкой.

Ее мысли улетели в двадцатое ноября в Лейк Плэсид, где она и Гриньков последний раз танцевали вместе..."

Двадцать седьмого февраля Андрей с женой пришли в Хартфордский Сивик Центр на концерт звезд фигурного катания в честь Сергея Гринькова. Катя подарила им билеты на хорошие места, в первых рядах амфитеатра.

Когда Екатерина вышла на лед, зрители встали и начали рукоплескать ей. Эта маленькая одинокая женщина заставила плакать тысячи людей. Красота и боль, любовь и смерть, жизнь и трагедия, вдовство и материнство, всеобщая известность и непроглядное одиночество спутались на льду в единый узел из которого невозможно было выплести радости без печали, или улыбки без слез.

Разве мог быть в театре хоть один человек, который не любил бы ее в эти минуты? Парфенов тоже любовался ею, молился за нее и хотел создать для нее что-то особенное, что точно так же, как ее одинокий танец на льду, показавшийся Андрею очень знакомым, коснется сердец.

«Праздник Жизни» сделался событием столицы штата. Ночью по всеамериканскому и многим коммерческим каналам передавали фрагменты выступления Екатерины, а несколько дней спустя была показана вся программа. Газеты отводили «Празднику Жизни» центральные полосы.

The Hartford Courant

Среда, 28 февраля 1996г.
«Красота, побеждающая боль»
Джефф Джакобс

"Одетая в белое для своего первого выступления после смерти Гринькова, Гордеева была самой красивой, самой трагической и самой привлекательной фигурой в истории фигурного катания.

В этот вечер Гордеева и Гриньков сделали всех нас счастливыми. Правда, мы улыбались сквозь слезы.

В течение пяти минут маленькая двадцатичетырехлетняя вдова каталась под музыку из пятой симфонии Малера без своей половины, половины ее сердца и тела. В течение пяти минут она каталась без него и для него - своего возлюбленного Сергея.

Публика встретила ее стоя, самыми тишайшими аплодисментами в истории. Все поднялись со своих мест и никто не смел нарушить тишины. Стало настолько тихо, что можно было расслышать как капают слезы. Ее нежные выразительные движения поведали нам о ее утрате и печали.

Мягкие движения переросли в более решительные. Она показала свою силу и характер. Свое выступление Екатерина закончила простертыми к небу руками. Конечно же, она прикоснулась к Сергею прежде чем закрыть свое лицо руками.

Ее слезы неожиданно перешли в красивейшую улыбку. Она подъехала к своей дочери Дарье и подняла ее на руки. Потом она подъехала к матери Гринькова и обняла её. Больше невозможно было выдержать напряжения и амфитеатр взорвался овациями. Конечно же Сергей слышал это.

Екатерина может гореть одна, но она никогда не будет одна. Рядом с нею всегда будут видеть дух Гринькова; живой и сильный Гриньков всегда будет жить в сердцах людей.

Лучшие фигуристы мира собрались в Сивик Центр почтить память товарища по льду. Сотни тысяч долларов, собранных с концерта, пойдут на поддержку Гордеевой и ее дочери Дарьи".

Еще на концерте сердце Парфенова почувствовало, как в нем с новой силой пульсирует душа Сергея Гринькова. Придя домой, Андрей не ложился спать до утра. Вспоминая Екатерину на льду, превращенную в сказочную, белоснежную царевну, Андрей сочинял стих.

На следующий день обведенное изящной аркой стихотворение было заведено в золотую раму и вместе с письмом срочной почтой отправлено Гордеевой.

February 28, 1996

Светлое видение Катя,
Спасибо Вам за столь чудесный подарок! Это воистину был праздник жизни, торжество вечного бытия над иллюзией смерти.

В последнем своем письме я обещал позвонить Вам в последних числах февраля. Но, Боже, как я боюсь выглядеть навязчивым человеком. Поэтому я снова предпочитаю писать, ведь письмо удобно тем, что оно не навязывает себя, а предлагает.

Чувствую, что после «Праздника жизни» Вы будете загружены еще больше, будет много встреч, интервью, предложений; и никому неизвестно, когда мы сможем увидеться. Правда, я уверен, что неизбежное не может не состояться. Если наша встреча начертана в книгах наших судеб, то мы встретимся, если нет - то да будет Воля Господня. Не все в нашей жизни зависит от нас.

Мне хочется, чтобы мои сказки были рядом с Вами. Только не забывайте, что это редакционный вариант; в книге многие моменты будут изменены.

Также посылаю Вам стих, который я осмелился написать от имени Сережи. Думаю, Вы не сильно рассердитесь на меня за это.
Искренне Ваш,
А. Парфенов

Потустороннее

Дивная моя, я - рядом
Был и есть, и не уйду вовек.
Только облик мой за снегопадом
Разглядеть не в силах человек.

Я теперь обрел иное тело,
Сотканное из лучей.
Помнишь, ты мое крыло задела,
Выходя на лед к душе моей?

Праздник Жизни влек меня на Землю...
Отпустил Архангел в дальний путь
На свою любимую царевну
Чудно-белоснежную взглянуть.

Девочка моя, какое счастье,
Что я снова здесь, и снова твой.
Прилетел, покорный Божьей власти,
Вечность Жизни праздновать с тобой.

На судьбу свою не будь в обиде.
Кто сказал, что жизнь оборвалась?
Нынче я твой светлый небожитель,
Ты - моя земная ипостась.

Дочь и ты - родимые земляне,
Да хранят вас свет и доброта,
Да пребудет мое сердце с вами
Ангелом -Хранителем всегда.

Вечером следующего дня Катя позвонила Андрею и от души поблагодарила за письмо и стихотворение.

-Ну, кажется, мы сможем увидеться пятого марта после семи вечера, - сообщила она. Я буду вас ждать, приезжайте, пожалуйста, мне уже не терпится узнать о вашем замысле.

Спустя день, он получил ее письмо.

29 февраля 1996г.

Андрей,

Спасибо Вам за прекрасные слова. Моих слов благодарности никогда не хватит, чтобы объяснить Вам, как дороги мне стихи, которые вы написали. Спасибо Вам, Андрей, что Вы знаете такие слова и умеете их выразить.

Вы правы, что я буду занята, но я буду занята всегда, поэтому это не должно помешать нашей встрече. Я постараюсь и позвоню Вам очень скоро. Я очень, очень устала, мне надо немного отдохнуть. Пожалуйста не расстраивайтесь, если мы не встретимся в ближайшие два дня, но мы должны поговорить очень скоро.

Я очень рада, что Вам понравился мой (вернее наш с Серегой номер). По-моему, он точно соответствует тому, что Вы думали и писали мне в письме.

Спасибо Вам, Андрей, за сказки, сейчас иду читать.

До встречи.

С уважением,

Катя.

Казалось, сложности были устранены и можно было надеяться, что все состоится. Однако все эти дни Андрей вздрагивал от каждого телефонного звонка, боясь, что это Катя захочет отменить встречу.

Дождливым вечером он выехал из дома. По пути остановился в цветочном магазине и купил розы.

Лет пять назад Парфенов работал недалеко от комплекса, в котором теперь жила Катя, поэтому он хорошо знал дорогу к ней. Свернувши со скоростного шоссе, нужно было долго ехать через лес по невысоким холмам, то взлетая, то падая вниз. Комплекс находился сразу за горой, на которой тренируются дельтопланеристы. Завидно смотреть на летящего в небе человека, который видит мир глазами птицы. Когда-то для Парфенова здесь было просто знакомое место с высокой горой и дельтапланами; сейчас в этом пространстве появилась Екатерина Гордеева, чего невозможно было предположить пять лет назад. Думая о непостижимых пересечениях быстроменяющихся людей в медленно меняющемся пространстве, о том, что гора с ее относительным постоянством переживет и дельтапланеристов, и комплекс, где живет Катя, и Парфенова с его замыслами, Андрей подъехал к Катиному дому.

Дверь открыла Катя, выглядевшая очень уставшей.

-Только что я проводила корреспондентов журнала "People", - сказала она. -Мне уже хотелось отменить встречу с вами, но я поняла, что это будет садизм. Думаю, у нас найдется время поговорить.

Прибежавшей Дарье Парфенов протянул

пластмассового жучка с шевелящимися лапками в прозрачном шарике. "Я встретил его возле их дома, - сказал Андрей Дашеньке, - жучок шел к тебе в гости, и очень обрадовался, когда у него оказался попутчик". Кате Андрей подарил книгу со стереоскопическими иллюзорными рисунками. Елене Львовне - Катиной маме - были вручены три розы: белая, красная и желтая. Александру Алексеевичу - отцу Екатерины - Парфенов преподнес деревянную цепь.

-Александр Алексеевич, - сказал он, когда ему предложили сесть на диван, - мой папа вырезал эту цепь из цельного куска дерева. Ни одно звено не имеет стыков. Помню как папа начинал вырезать свои цепи, это было еще в советскую эпоху. Многие над ним смеялись, зачем, мол, время попусту тратить. Он ни на кого не обращал внимания, а только набивал руку. Первые цепочки были неудачными, потом стали получаться лучше и лучше. Наконец одна цепь очень удалась. Папа с ней по простоте душевной отправился в музей народного творчества. Положил на стол директора большую деревянную цепь и ждет реакции. А тот в недоумении. "Зачем, - говорит, - вы мне принесли символ рабства". Папа рассмеялся: "Что вы, это же символ дружбы и братства; посмотрите, я на каждом звене вырезал самые дефицитные слова: терпение, радость, любовь... Представляете, если из таких звеньев будет состоять жизнь человека?" Директор покрутил в руках папино изделие, но так и не взял в музей. А теперь деревянные цепи моего отца с дефицитными словами на звеньях разошлись по всему миру. Они есть и в Японии, и в Германии, и во Франции, и в Канаде, и в Австралии.

Перед моим отъездом в Америку папа усиленно взялся за изготовление своих цепей. Я не понимал зачем ему вдруг понадобилось такое количество сувениров. До этого он никогда их не продовал, вот я и подумал, что он решил немгого подработать своим ремеслом. Помню как сейчас: стоит сутулый старик над верстаком и часами корпит над каждой цепочкой. Трудолюбивый он, у меня бы ни за что не хватило терпенья так работать с деревом.

Зовет меня как-то отец к себе в мастерскую, вид у него такой торжественный был, словно вот-вот состоится очень важное событие в котором он - главное лицо. "Сын, - сказал он мне, - нельзя ехать в Америку с пустыми руками. Я много думал, что же передать через тебя американцам. Сначала хотел что-то купить, но их ничем не удивишь, там все есть. Возьми сынок вот это". И отец достал из под верстака целый чемодан своих цепей, штук пятьдесят, если не больше. Папа любил говорить, что все люди - звенья великой цепи, и он наказал мне дарить его сувениры тем, кто будет звеном в моей жизни. Ему нравилось повторять слова какого-то философа, что самая крепкая цепь крепка настолько, насколько крепко ее самое слабое звено. За шесть лет я встретил в Америке много прекрасных людей, и каждому старался вручить папин подарок.

Александр Алексеевич, сегодня ваша семья является таким звеном, примите эту цепь от моего отца. Мне всегда было тяжело видеть, как цепи одна за другой убывают из папиного чемодана. Каждый раз когда я доставал оттуда очередную цепь, мне казалось что еще один день исчезает из жизни моего семидесятидвухлетнего папы. Наверное, есть какой-то особый смысл в том, что цепь подаренная вам - последняя.

В доме Екатерины было много цветов. На стенах висели портреты и фотографии Сергея. На втором этаже в спальне, по правую руку от двери, Катя создала своеобразный алтарь любви. Рядом с Сережиным портретом висело стихотворение Парфенова в золотой раме. Внизу на комоде стояло несколько букетов цветов а перед ними - лампада с сердцем и открытка Вемера, заведенная Катей в рамку.

-Знаете, Андрей, - говорила Катя, кивая в сторону стихотворения, - были люди, которые хотели сделать копию с этого стиха и отправить в Москву, но я отказалась, ведь это Сережа написал лично мне, ведь так?

-Конечно, это лично Ваше, - отвечал улыбаясь Парфенов. -В книге я задумал создать цикл ваших взаимных обращений друг к другу. Что-то будет в прозе, а что-то лучше выразить стихами. Этот цикл будет открывать ваше письмо к Сергею, а следом пойдет поэма, написанная белым стихом, от имени Сережи. Я назвал ее «Сороковины». Я оставлю вам эти вещи сегодня, вы прочитаете их когда останетесь одна.

-Ваша лампада очень понравилась моей маме, - сказала Катя и попросила Андрея пройти в детскую. Она предложила ему сесть на кровать, а сама села на ковер у его ног.

-Если б вы знали, как я устала от всех интервью, - вздохнула она. -Завтра я решила сбежать во Флориду. У меня рано утром самолет.

Парфенов ехал с желанием раскрыть перед Катей замысел книги, чтобы она имела общее представление о том, над чем он работает, но

55

почувствовав себя сдавленным в тисках времени, он понял, что сегодня этого сделать не удастся.

-Катя, - обратился к ней Андрей, - сейчас я не смогу рассказать вам про всю книгу. Не смогу также прочитать всего, что уже написано. Я только постараюсь объяснить, что из себя представляет книга, чтобы вы имели понятие о моей идее. Собственно, сегодня я приехал к вам для того, чтобы узнать даете вы свое согласие на эту книгу или нет. Мне известно, что американцы начали делать книгу о Сергее, но мы работаем в совершенно разных направлениях. То, чем занимаются они - это движение по горизонтали. А я хочу рассмотреть движение души вверх по вертикали. Если их интересуют точные даты и внешние события, то меня занимают духовные процессы, осмысление происшедшего. Понимаю, у вас может возникнуть вопрос: кто будет читать нашу книгу? Люди. Те самые люди, которые приветствовали ваше выступление на «Празднике Жизни» и показали как велика в глазах общества цена преданности и семьи.

Года два назад, весной, я брал в колледже курс эффективной речи. На финальном экзамене мне нужно было произнести двенадцатиминутное слово на своем английском с русским акцентом. Перед выступлением я слышал, как молодые ребята в классе открыто обменивались впечатлениями на темы сексуального удовлетворения. Простите, но эта тема последнее время довольно популярна в этой стране. Оставалось минуты три до моего выступления; я сидел и думал: кто же захочет меня слушать, ведь моя тема слишком далека от их интересов. Выйдя на сцену, я стал рассказывать, как в одном американском обществе мне довелось презентовать деревянную цепь своего отца, такую же, какую я подарил вашему папе, только в ней, кажется, было больше звеньев. После вручения подарка меня отозвал в сторонку незнакомый старик лет семидесяти на вид и попросил уделить ему несколько минут. Он достал из нагрудного кармана пиджака синюю коробочку и сказал.

-Когда я услышал про цепь вашего отца, мне очень захотелось показать вам свою собственную цепь, в ней, правда всего два звена, но это очень крепкие звенья, даже смерть не могла порвать их.

Он открыл коробочку и дрожащими руками достал оттуда два спаянных золотых кольца.

-Сорок лет назад, - продолжал он, - я потерял свою жену. Она долго болела и умирала дома на моих глазах. Я спокойно отреагировал на смерть моего друга, так как давно приготовил себя к ее отходу, болезнь измучила её, жизнь ей была не в радость, и она ждала избавления от своих страданий. Когда ее душа покинула тело, я решил снять с ее пальца обручальное кольцо. Но ее руки отекли и кольцо не поддавалось. Тогда мне пришлось перепилить его. Никогда не забуду ту долгую ночь. Нашу пятилетнюю дочку еще днем я отвез к своей матери. Дом наполняла странная тишина, я даже не подозревал что такая бывает на свете. И в этой тишине только я и остывающее тело моей двадцатисемилетней Джаннет. Мне кажется, прошло несколько лет пока я перепилил кольцо жены. Я хочу, чтобы вы подержали мою цепь, выкованную любовью, - попросил меня старик.

И он положил мне на ладонь два неразлучных колечка.

-Такую цепь мог выковать только очень

волевой и преданный человек, - заметил я.

-Да что вы, - возразил он, - я просто очень ее люблю.

Он бережно уложил кольца в коробочку, поблагодарил меня за внимание и отошел в сторону.

-Мне трудно было представить, - обратился я к студентам, - какие чувства переполняли этого седого человека. Но он так проникновенно рассказал мне историю своей цепи, что мне казалось, будто я стою в его доме, погруженном в тишину и траур и все еще слышу как он перепиливает кольцо, боясь поранить руку любимой.

-В классе было тихо, многие плакали. Профессор поставил мне самую высокую оценку, написав на экзаменационном листе, что самое главное в жизни - искра Божья. Если нам удастся написать книгу с этой искрой, у нас непременно будут свои читатели.

Позвольте показать вам, каким я представляю вступление к книге, написанное от вашего имени.

"Настоящая повесть написана Андреем Парфеновым, но я смело могла бы дать свое согласие на соавторство. Эта повесть о том, как душа находит выход из страшных тупиков жизни. Не все в этой книге является буквальным отражением внешних событий и фактов. Для этого существует газетная хроника. В повести же представлено мистическое осмысление смерти моего друга и мужа Сергея Гринькова. Ни одно событие, рассмотренное здесь, не является вымышленным. Другое дело, что некоторые события представлены автором осуществившимися во внешнем мире, тогда как они происходили внутри меня; или что-то показано происшедшим, тогда как это только планировалось осуществить.

Земная реальность в книге смещена в сторону мистических явлений духа, где нельзя понять, а можно только принять. Люди, привыкшие жить всегда только конкретным и неоспоримым, могут прийти в негодование, услышав о каких-то необъяснимых вещах. Но разве смерть не является великой загадкой, разве неожиданная кончина Сергея ни есть мистика? Или, может быть, найдется какой-то человек, кто сможет ответить на все мои "зачем" и "почему", связанные со смертью лучшей половины меня самой, кто сумеет мне объяснить, живая я сейчас, или наполовину мертвая? А раз нет такого человека, то мне остается с глубоким смирением принять непостижимое.

Прежде всего эта книга - прощальная песнь любви. Не сомневаюсь, что мой ангел Сережа слышит её.

Душу свою, излившуюся здесь, я дарю дочери Дарье, самому близкому существу, живой частичке Сергея, с которой мне было бы дорого поделиться чувствами и размышлениями, переполняющими меня сейчас; но я должна терпеливо ждать, когда Дашенька сможет прочитать и понять эту книгу сама.

Это мое желание хоть частично вернуть свой долг каждому, кто разделил со мной мое горе и мою боль, кто плакал вместе со мной, кто утешал меня. Здесь я особенно хочу отметить моих родителей, несущих вместе со мной крест моей потери.

Это моя попытка выразить сострадание матери Сергея, лишившейся любимого сына.

Это мое соучастие в скорби мира. Я разделяю вашу боль, женщины, потерявшие любимых. Для меня больше нет наций и границ, есть только пронзенные болью сердца женщин в Сербии и России, в Грузии и Чечне, в Ирландии и Штатах. Неважно какая у тебя профессия, в каком ты звании и сколько зарабатываешь. Когда теряешь любимого - теряешь себя. И потом неимоверными усилиями приходится заново собирать себя по крохам. Я теперь - полноправная гражданка страны Утраты и Скорби, реки моих слез, тех, что выплаканы и тех, что застыли ледяным комом в горле и никогда не выйдут наружу, влились в океан всеобщих страданий.

Это моя сердечная благодарность тем, кто на первом моем одиночном выступлении в Хартфордском Сивик Центре приветствовали меня стоя как свою родную сестру и дочь, кто поддерживали мою веру в силу человеческого духа.

И наконец, это мой низкий поклон двум великим странам - России и Америке, так много сделавшим для нас с Сережей.

<u>Екатерина Гордеева.</u>

-Вы написали как раз то, что у меня в душе, только я не умею этого выразить. Мое сердце откликается на ваш замысел. Можно написать о Сергее печатными буквами, все очень конкретно и правильно. Но о многих вещах, касающихся его жизни и смерти следует писать прописью, здесь необходима какая-то особая каллиграфия. Не знаю, правильно ли я объясняю, но надеюсь, вы понимаете о чем я говорю.

-Думаю, что понимаю. Признаться, я очень рад слышать от вас, что писать о душе умершего следует "особым почерком". Подходить к теме смерти необходимо с особым тактом и осторожностью. Для того, чтобы люди ощутили связь с потусторонним, недостаточно одного желания почтить усопшего памятной книгой. Однако, позвольте, продолжить разговор о моей идее. Я много думал о том, как можно выразить вашу глубокую благодарность всем людям за их сострадание и соучастие в вашей скорби. Тысячи людей откликнулись на вашу беду, но невозможно перечислить всех. В программе «Праздника Жизни» есть список наиболее близких вам людей, принимавших участие в вашей судьбе, которым вы выразили свою благодарность. Но любой человек, бывший на этом празднике, любой, своими слезами или отзывчивым сердцем разделивший с вами вашу долю, достоин быть в том списке. Именно поэтому я думал о создании некоего собирательного общечеловеческого образа, в котором читатель может увидеть наилучшие свои качества. Этот образ должен являться звеном, но не между животными и людьми (таких звеньев больше чем достаточно в нашем современном обществе, где инстинкты рассматриваются как способы выживания), а между человеком и ангелом. Возможно, этот человек будет иметь какие-то мои свойства, поэтому вы можете обнаружить некоторое сходство между нами. Но это будет только первое впечатление. Чем глубже вы будете вникать в этот образ, тем большую дистанцию будете видеть между мною и им. Я наделил его не совсем обычной судьбой. Судьбой без начала и конца. Вы никогда не узнаете, откуда он появился и куда исчез; для вас навсегда останется загадкой, почему он оказался в Америке, и как случилось, что ваши пути пересеклись. В его образе будет что-то от загадочной смерти Сергея: вам часто придется недоумевать, происходили ли ваши встречи с ним в действительности, или это было во сне. Единственным предвестником встречи с этим человеком окажется отец Николай. О, это особый раздел книги. Мне бы очень хотелось показать силу и мудрость вашего духовного наставника. В нем, опять же, я намерен представить не его самого, хотя его черты непременно будут доминирующими, но духовный мир России, а точнее дух России. Американцам мало что известно о русском православии, вот наша книга и раскроет перед ними веру и культуру нашего народа. Вашим встречам и беседам с отцом Николаем будет уделено особое внимание. Через ваши духовные переживания в храме во время панихиды, через описание вашей сокровенной молитвы, сквозь дым ладана и запах воска современный американец (да и любой читатель) проникнет в столь дивный и чистый мир, что поневоле задумается о вечности и Боге. Вы в этом случае будете являться проводником к чудесному миру, сияющему душами почивших в Боге, в числе которых ваш Сергей. Так, в одной из встреч с отцом Николаем вы скажете ему: "Как дорого, что в это темное время вы были со мной, оберегали мою душу от мрака. Жаль, что в Америке вас не будет рядом". "Там с вами встретиться другой человек, - утешит вас о. Николай, - он и приведет вас к полному просветлению духовных очей". И вы встретитесь с этим человеком. Сейчас нет времени рассказывать как произойдет ваша встреча. Я надеюсь, у нас всё-таки будет время поговорить обо всем подробней. Прежде чем попросить вашего согласия на книгу, мне бы хотелось чтобы вы прочувствовали и прожили ее в себе.

-Я уже вижу, что такая книга должна быть, я смогу настоять на ее публикации, -с радостью говорила Катя не сводя с Парфенова восторженных глаз.

-Что же еще вам показать? - беспокоился Парфенов. -Да, вот эта сказка. Это очень важный момент. Без этой сказки я не могу представить нашей книги. Она является оконцем в мир света. Какая бы прекрасная картина ни была представлена на обозрение, а без света ничего нельзя рассмотреть. Так и в нашем произведении эта сказка является светом, с помощью которого можно увидеть картину жизни. В дальнейшем, может быть, вы сможете поставить эту сказку на льду... Нет, - внезапно оборвал он себя, - сейчас не время ее читать, я не хочу смять цветок. Ради Бога, давайте найдем побольше времени после вашего возвращения из Флориды, должны же вы знать, на какую книгу даете свое согласие. Это ведь все равно, что подписать контракт, может быть даже важнее. Я вижу, как вы сейчас напряжены, вам нужно собираться в дорогу, нужно укладывать Дарью спать. В такой обстановке невозможно хорошо прочувствовать мой замысел.

Потом Катина мама пригласила всех к столу.

-Елена Львовна, - обратился Андрей к Катиной маме, - мне кажется, вас не часто приглашают в гости в Америке. Как бы вы отнеслись к моему предложению посетить наш дом? Танюша приготовит русские романсы, я почитаю стихи, Даша поиграет с моими девочками.

-Я с удовольствием приму это приглашение, - сказала Елена Львовна, - я всегда была легкой на подъем. Вот уедет Катя во Флориду, и мы сможем приехать к вам в любой день.

Екатерина - Сергею.

22 ноября 1995г.

Сережа, твое внезапное исчезновение (считать твой уход смертью я не могу) превратило меня в воплощенное ожидание. Что бы я ни делала, о чем бы ни думала, я все время жду встречи с тобой. Я не живу, я жду. Думаю: ну вот сейчас откроется дверь и ты войдешь... Несколько раз мне казалось что ты притаился в спальне и ждешь меня. Я тихонько поднималась на второй этаж и на цыпочках кралась к нашей комнате, чтобы ты не успел перепрятаться, открывала дверь, и на меня набрасывалась пустота. А как я надеялась увидеть тебя, упасть перед тобой на колени и умолять: ну хватит, Сережа, хватит играть в эти прятки, я не выдержу, если ты еще раз исчезнешь; не уходи больше от меня. Ощущение твоего невидимого присутствия не дает мне покоя ни днем ни ночью. С тех пор, как тебя не стало, я поняла, что потерять тебя невозможно. Меня захлестывают разные состояния. В одном состоянии время - тягучее бесконечное, кажется, мы разлучены уже сотни лет, но я все ищу тебя повсюду. То вдруг мне чудится, что с момента, когда я бросилась к тебе на озере в Лейк Плэсиде, прошло не более трех минут. Уже прошло вскрытие и экспертиза, уже все газеты сообщили о твоей смерти (не знаю, как они смеют сообщать об этом, если я в это не верю), а я все еще склоняюсь над тобой, пытаясь вдохнуть в тебя жизнь и молю тебя: Серега, очнись, приди в себя, любимый. Я все еще с тобой на озере и верю, что ты вернешься.

Само желание написать тебе это письмо свидетельствует о том, что ты жив. Иначе *зачем бы я писала в никуда? Вот, правда, я не знаю, как отправить тебе мое письмо, через кого его передать. Я оставлю его на столе, все равно ты появишься здесь и прочитаешь...*

Сергей - Екатерине

Сороковины

Скелет с косой или старуха злая,
Держащая в руках петлю и нож;
Бездонная могила, черный гроб
И символы, ввергающие в дрожь, -
Есть смерть глазами оставшихся в живых.
Но душам мертвых
Ведомы иные чувствованья.
«Мой путь - единственный», -
Так вправе сказать любой,
Вкусивший смерти тайное причастье.

***

Последний день.
Обычное скольженье коньков,
И наших тел знакомые движенья.
Лед был чуть вязче.
Осталось полчаса,
И я почувствовал, что ноги тяжелеют.
Мне приходилось страшно напрягаться,
Но я не смел об этом говорить.
Ведь раза два в последние полгода
Со мной случалось это, но прошло.
И в этот раз, я думал, обойдется.

Меня томило странное волненье.
Сердцебиенье сделалось как гром.
Осталось три минуты... две... одна... И руки,
Почувствовав бессилье, опустились.
Присев на лед, я ощутил в груди
Ужасный взрыв. И тело содрогнулось.
Последние секунды
Сорвали с глаз земную слепоту,
И до меня дошло: я умираю.
Секундомер отсчитывал мгновенья,
Но мне казалось я еще успею
Обнять тебя и кратко объяснить,
Что нам с тобою суждено расстаться.
Я попытался было говорить,
Но мне язык мой не повиновался.
Хотелось прижать тебя к себе.
Попробовал подняться,
Но не смог.
В груди моей ничто уже не билось.
Последние дыханье унеслось.
Течение крови остановилось.
И смертное пророчество сбылось.
Я видел,
Как ты ко мне рванулась.
Звала меня, пыталась распознать
Последний признак жизни. Не верила,
Что я уже был мертв. Тебе казалось,
Это - только приступ и скоро все пройдет...

О, бедная, как ты перепугалась!
Я подошел к тебе и начал говорить,
Но ты не слышала.
Я взял тебя за плечи,
Пытаясь оторвать от тела моего.
Но чувствовать мои прикосновенья

Ты не могла.
Я сам пришел в растерянность. Мне было
Не по себе от своего бессилья.
Видя твои страданья, попытки докторов
Вернуть меня,
Мне захотелось броситься назад
В остывшее, бездыханное тело.
Но двери были заперты.
Ключ Ангел Смерти держал в руках,
И наблюдал за всем происходящим.
Я пал к его ногам, стал умолять
Позволить мне вернуться хоть на время.
Но Ангел Смерти был неумолим.
-Пойдем, - он молвил, - я тебя представлю
Другим служебным духам. Их задача
Помочь тебе подняться к небесам.
Те двое были ангелы помягче.
Они позволили мне быть к тебе поближе.
Мне дали пять минут. Но странно,
За эти пять минут у вас прошло
Семь дней. Все это время
Я не на миг не покидал тебя.
Кружился над тобой. Шептал тебе на ухо,
Что следует смириться и принять
Всю жизнь как есть, без бунта и надрыва.
И спящую тебя не оставлял. Пытался
В сновидении увидеться и все обговорить.
Днем наблюдал как дочь, родители и ты
Сидели за столом и ели
Безрадостный, безвкусный хлеб судьбы.
Когда ты плакала,
Я целовал твои глаза и щеки.
Ты предстояла предо мной
Десятилетней девочкой,
Чистейшей и безгрешной.
Смерть просветила мои глаза.

Я сделался способным
В тебе увидеть ангела,
Который сопровождал меня
Как спутник до развилки.

Когда тебя оставили одну у гроба,
Я очень сожалел, что Ангелы-Проводники
Не позволяли заговорить с тобой
На слышимом наречье.
И я шептал беззвучные слова:
– Любимая, я – бабочка.
Я здесь. А ты сидишь у тела,
У кокона оставленного мной.
Взгляни на бабочку, на радужные крылья.
Взгляни на небо сквозь мрачный потолок,
И ты познаешь немеркнущую радость
Развоплотившейся, сияющей души.

Потом была Россия.
Надорванная горем мать.
Могила. Грязный снег.
Дым ладана. Священник,
Поднявший перст на небо,
Чтоб показать тебе мой облик в облаках.
И он был прав. Благословенна
Вера православного народа.
В ней крещены, в ней венчаны,
И в ней нам умирать.

Лети, земля, как пух на крышку гроба.
Я – бабочка, мой кокон погребен.
Посмотришь вниз – от горя захлебнешься.
Посмотришь ввысь – от радости взлетишь.
Живи, моя кровинушка, и помни
О крыльях радужных, о небе голубом.
Да будет лед тебе – что облако для ангела:

Танцуй, пари, люби,
Дари улыбки радости лучистой,
Будь светлячком для тех, кто заблудился,
Сама же в темных думах не блуждай;
Лишь веруй и надейся. И работай
Над почвою души, расти цветы бессмертья,
Дари их близким душам. Пусть в тебе
Не только я, но зритель и прохожий
Увидит лик на ангела похожий.

Все образуется. Залечит время боль,
Останется лишь свет воспоминанья.
Как хорошо, что ты была со мной!
Что образ твой бессмертное сознанье
Запечатлело в памяти души.
И если вдруг когда-нибудь в тиши
Тебя объемлет радость неземная —
Знай, это я обнял тебя, родная.

Поминовенье в день сороковой
Окончилось.
Твои воспоминанья, как огоньки,
Летели мне навстречу,
Когда Господня щедрость разрешила
Спуститься и обнять тебя в ночи.

Ты знаешь, я любил тебя все годы.
Но в эту ночь, о Боже, я познал,
Что есть любовь неведомая телу —
Любовь души пылающей огнем.
Жаль, человеку в теле не понять
Всей глубины моих переживаний.
Душа твоя была растворена
В моей душе. Ты в полузабытьи
Не чувствовала и не понимала,
Что происходит

Священнейшее таинство свиданья.

По окончании сорокового дня,
Душа того, кто удостоен неба,
В слепящих белых ризах предстает
Пред близкими.
Земляне сами того не ведая
Лицом к лицу общаются с умершим.
В глубокой древности возможно было
Видеть покинувшего мир земной.
А нынче мы того уже не знаем:
Дух огрубел, и люди потеряли
Способность зреть сердечными очами.

Но ты, казалось мне, сквозь дым тоски,
Сквозь рану одиночества,
На стыке полуяви-полусна
Увидела мой образ,
И как птица
Вспорхнула из гнезда.
Душа твоя летела мне навстречу
И, чудо,
Я опять тебя держал в своих руках.
Ты обнимала плечи
Как маленькая девочка,
Ища защиты и успокоенья
От грозных волн судьбы и провиденья.
Я шел по воздуху, в руках тебя неся.
Твой дух объял покой потусторонний,
И ты, отдавшись вечности, спала.
Мои уста коснулись губ твоих.
И белоснежной святостью лобзанья
Закончилось блаженное свиданье.

Нет, я тебя не разбудил.
И утром

Ты вспомнить не могла о том,
Что было в конце сороковин.
Так плотский ум устроен.
Он бессилен
Принять в себя божественный огонь.
Порой потребны месяцы и годы
Чтоб объяснить мгновение небес.
Но будет час, когда в тебе воскреснет
Миг нашей встречи в поминальный день.
Услышь тогда, как я благословляю
Тебя и дочь, всех близких и родных,
И разделивших с нами нашу долю.
Услышь, как я пою победный гимн,
Летящий громом в майский день Оттуда.
И вслед за мною, друг мой, повтори:
Я верую в бессмертие и чудо.

Андрей возвращался от Гордеевых счастливым и спокойным. Он начинал ощущать под ногами почву; Катино одобрение вдохновляло его работать. Судя по реакции Екатерины, ее намерение сотрудничать с ним было самым серьезным. Когда в разговоре с ней он попросил познакомить его с кем-то из хореографов, чтобы обсудить некоторые детали, связанные со сказкой, Катя тут же ревниво отговорила его, убедив, что эти идеи должны принадлежать только им двоим. "Стало быть, - считал Парфенов, - она тоже заинтересована в осуществлении этих идей, жаль только, что у меня не было времени подробнее объяснить ей структуру книги; очень важно, чтобы она понимала, над чем я работаю". Он представлял себе презентацию книги на русском языке в каком-нибудь русском культурном центре Бостона или Сакраменто. "Катя обязательно должна прийти на презентацию книги, - думал он. -Я зачитаю несколько коротких глав и что-нибудь из стихов и торжественно вручу ей первый экземпляр книги, подписав: «Екатерине и Сергею, соединенным любовью, превратившей смерть в бессмертие».

В понедельник одиннадцатого марта, к шести часам вечера, Парфеновы ждали в гости Катиных родителей. Андрей был рад возможности поговорить с Еленой Львовной и Александром Алексеевичем, ведь они как никто другой находились близко к Сергею и Кате, и поделиться с ними замыслом книги.

О встрече они договорились два дня назад, и никаких перемен не предвиделось. Таня убрала дом и приготовила ужин. В ожидании гостей она села поиграть романсы. Исполняя романс "Марсово поле", написанный другом их семьи композитором Людмилой Менделевич, Таня плакала. Андрей присел на ковер у пианино и тоже не мог удержаться от слез.

-Господи, до чего же этот романс близок судьбе Кати и Сережи, - говорила Таня, - как бы мне хотелось, чтобы когда-нибудь Катюша услышала его, жаль что она не может приехать вместе с родителями.

В грядущих тревогах, в жестокой неволе,
Я, может быть, только одно сберегу -
Дорогу и полночь, и Марсово поле,
И свет от созвездий на тихом снегу.

Как будто следы неземного кочевья
Давно позабытых народов и царств,
Как будто не наши кусты и деревья,
Как будто не Марсово поле, а Марс.

И два человека, одни во Вселенной
Сюда добрались, ничего не боясь,
И друг перед другом стоят на коленях
И плачут, один на другого молясь.

И плачут от счастья,
        что к вечным страданьям
Они проложили невидимый мост,
И плачут, любуясь, в немом обожаньи,
В светящемся мире туманов и звезд.
                              (А. Гитович)

Уже было около половины седьмого, но Гордеевы не приезжали. Андрей позвонил Елене Львовне. Когда та подняла трубку, он был удивлен, что с ним поздоровались как ни в чем не бывало.

-Добрый вечер, - сказал он, - почему же вы до сих пор не выехали?

-Как, а разве вы не знаете? - удивилась Елена Львовна. -Я же звонила вам утром и оставила запись на автоответчике, что мы не сможем приехать.

-А что случилось?

-Ничего не случилось, просто нам позвонила Катя из Флориды и сказала, чтобы мы без нее не ехали к вам в гости. Она прилетает в среду утром, и мы сможем приехать к вам тот же вечер или на следующий день.

-Елена Львовна, ну это же несерьезно. Причем здесь Катя, мы договаривались с вами, а не с ней. Как-то нелепо все получается. На автоответчике у меня нет вашей записи, вы, наверное, ошиблись номером и попали в другую квартиру. Нам очень хотелось увидеться с вами, с родителями. Нам будет о чем поговорить, у меня есть вопросы к вам лично. Прошу вас, приезжайте, еще не совсем поздно.

-Да понимаете, Андрей, - извинилась Елена Львовна, - мой муж уехал в магазин, я не думаю, что сегодня у нас что-то получится. Извините, что все так вышло.

-Елена Львовна, - настаивал Андрей, - я не хочу выглядеть навязчивым, но позвольте вам объяснить, что я приглашал вас не как родителей знаменитости, а как людей, имеющих для меня свою ценность, независимую от Кати. Я убежден, что без вас не было бы такой Кати. Однажды я устраивался в одну компанию на работу и когда на интервью меня попросили рассказать о себе, я достал портрет отца и сказал, что прежде всего я

75

хочу выразить свое почтение человеку, через которого я пришел в мир. Не понимаю, зачем Кате понадобилось отменять эту встречу?

-Кате самой хотелось посетить вас, - объясняла Елена Львовна, - не желая причинять вам лишнего беспокойства, она предложила дождаться её, чтобы всем вместе поехать в гости. В среду утром она прилетит из Флориды, до конца недели у нее не будет тренировок, так что мы можем приехать к вам в любой вечер, начиная со среды.

Андрей готов был поверить, что Екатерина отменила встречу только из-за того, что ей не хотелось лишний раз обременять его семью, но от этого обстановка не становилась легче. Он не знал, как объяснить жене происходящее, да и нужно ли было объяснять. Танина реакция выглядела спокойной: "Ну, нет так нет", но Андрей видел как ей больно.

-Романсы, стихи, накрытый стол, нарядно одетые дети... -Почему, ну почему наши отношения обретают такой странный характер? - спрашивал себя Парфенов.

Потом началось... В среду Катя не пожелала ехать, в четверг тоже. Видя неловкость положения, Андрей сам перенес приглашение в гости на "когда-нибудь потом". Ему было гораздо важнее самому увидеться с Екатериной, чтобы дать ей возможность ознакомиться с новыми главами книги и заручиться ее поддержкой. Катя обещала принять его в пятницу, потом перенесла встречу на воскресенье, но воскресную встречу тоже отменила, пообещав позвонить, в среду вечером и договориться о конкретном времени. Но и в среду никакого звонка не было.

Между тем, работа над книгой продолжалась. Андрей больше жил в потустороннем мире книги, нежели по эту сторону, где приходилось работать и заниматься домашними делами.

Звонить Екатерине ему было неудобно, и он снова решил написать ей.

14 Марта 1996г.

Милая, недосягаемая Катюха,
Пошли Вам Бог светлого состояния души и успехов во всех новых начинаниях.

За период Вашего отсутствия мне многое удалось сделать. Главное, я закончил сказку о двадцати восьми фламинго. Без этой сказки я не мыслил своей книги, но теперь, слава Богу, она есть. Мне удалось закончить одну весьма важную главу, и, кроме того, я дописал "Предрассветный Танец" и "Твой голос бархатный" - стихи, которые будут предварять некоторые главы. (В этих стихах, как мне кажется, мне удалось выразить бытие души умершего человека.) Также я доработал пролог и сделал много новых набросков. И еще мне удалось подготовить вступительную и заключительную части сценария и набросать несколько действий.

Невозможно объяснить состояние, которым я сейчас живу. Откуда-то берется ощущение, что на все это отпущено не так уж много времени, нужно торопиться и дорожить каждой минутой. Я стою перед неведомым: а что, если это развоплощенная душа Сергея жаждет воплотиться в творчестве, чтобы очистить мир, вдохновить отчаявшихся и поднять падших? А если это так, то какая ответственность лежит на нас!

Не понимаю, зачем понадобилось отменять нашу встречу с Вашими родителями? С какой любовью Таня приготовила несколько романсов и классических вещей, с каким радушием накрыла стол; Леночка и Ника ждали Дашеньку; мне хотелось почитать стихи... И вдруг все рассыпается как песочный замок от волны. Чем объяснить это? Разве только тем, что в мире есть силы созидания, заинтересованные в том, чтобы все светлое состоялось, чтобы сложились людские отношения и восторжествовала гармония; и есть силы разрушения, хаоса, заверчивающего всякие нелепые события, убивающие чуть затеплившийся очаг человеческих взаимоотношений. Может быть, необходимо противостоять этим злым силам, упорно пытающимся разрушить начатое?

В наших отношениях мне отведена роль просителя, которому ничего не стоит отказать. Всегда найдется время для газетчиков, печатающих продукцию, которую сегодня положат в почтовый ящик, а на следующий день - в мусорный; а человека, предлагающего нечто из более высоких и долговечных категорий можно отодвинуть в сторону, подождет, ничего с ним не случится. Но меня ничуть не смущает, что я как нищий вымаливаю у Вас встреч. Ведь я не тот нищий, который, получив милостыню, ничего не может дать взамен, кроме благодарности. За Ваш кусочек времени я отдам все выстраданное мною за последний месяц в бессонных ночах и постоянных исканиях. Подайте же мне, ради Бога, кроху Вашего времени, чтобы я, наконец-то, смог показать Вам тот сияющий мир, в который меня ввела смерть Вашего мужа, мир, который прожег меня насквозь и заставил поверить в силу Провидения.

Неужели Вы допускаете, что я постоянно буду ходить за Вами с протянутой рукой? Будьте спокойны, свет мой Екатерина Александровна, мне нужна одна-единственная настоящая встреча с Вами, чтобы я был способен досконально изложить идею книги и фильма. И эта встреча, поверьте мне, решит всё: либо Вы воспламенитесь моей мечтой и сделаете все зависящее от Вас для ее воплощения, либо останетесь равнодушной, и я более не побеспокою Вас ни стихом, ни звонком, ни письмом. Моя философия на сей счет предельно проста: если я не смогу вдохновить Вас - непосредственного и главного участника событий, побудивших меня засесть за книгу и фильм, - то как мне вдохновить мир? Если же Вы, родная душа, уверуете в силу того, над чем я себя сжигаю, то мы сможем запустить такие события в мире, которые помогут многим людям.

Конечно, можно жить в привычной колее, не допуская влияния преображающей новизны. Если сводить все к денежной единице, то, сделавшись очень известной, можно рекламировать Кока-колу или жидкое мыло, например, получая за это неплохое вознаграждение. Но людям, соприкоснувшимся с потусторонней тайной, следует быть выше навязчивого рекламного мирка. Можно, будучи ангелом, крыльями подметать тротуары и гордиться, что служишь людям и приносишь в мир чистоту. Но в этом ли назначение ангела? А Вас, нечаянная радость, я считаю ангелом, на плечи которого судьба возложила особое предназначение.

Не затягивайте, пожалуйста, со звонком. Я слишком занят, чтобы проводить время в ожидании неизвестности. Если Вы хотите, чтобы работа над книгой продолжалась, то постарайтесь понять, что для нас каждый день на вес золота. Если же Вы совершенно безразличны к тому, чем я занимаюсь, то постарайтесь мне это объяснить как можно скорее, дабы я не обольщал себя ложными надеждами на совместное творчество и перевел начатое произведение в иное русло. Только прежде чем от чего-то отказаться, человек должен знать от чего он отказывается, а вы пока не имеете полного представления о моем замысле.

Независимо от Вашего ответа, мое отношение к Вам останется самым возвышенным, ибо еще задолго до нашей встречи, увидев как Вы, сидя у гроба мужа, осенили себя крестным знамением, я сказал себе: на этой маленькой женщине лежит печать Божья. Неспроста дал ей Бог такую судьбу. Не всякому это под силу. Но она выдержит, пройдет сквозь смерть и обретет бессмертие. Тогда же я написал о Вас:

> **Помню полет ваших пальцев над гробом
> Крестным знамением к скорби лица.
> Верую, Боже, что смерти утроба
> Не разлучит их живые сердца.**

Спасибо за всё.
Искренне Ваш,

А. Парфенов

Сергей - Екатерине

Предрассветный танец

Развоплощен. Исчезли страхи.
Прах сдавлен тяжестью плиты,
А я стою в одной рубахе
Среди февральской мерзлоты.
    Не властны над душой морозы,
    Пусть вьюга буйствует в лесу.
    Живую веточку мимозы
    Пройдя сквозь стены, принесу.
Знакомое сердцебиенье.
Неосязаем и незрим,
Склонюсь в немом благоговеньи
Над телом дремлющим твоим.
    Не спится? Думаешь о прошлом?
    Воспоминаний крест несешь?
    Доверься провиденью Божью -
    Вмиг станет легче, и заснешь.
Дрожащих век коснусь рукою
Бесплотною, как тень твоя.
И сердце нежно успокою:
Спи, радость вечная моя.
    Сон - это смерть в миниатюре.
    А смерть - последний сон земной.
    В родных объятьях звездной бури
    Мы сможем встретиться с тобой.
Ничто нас больше не неволит.
Какая славная пора!
Я верю, нам любовь позволит
Кружиться в танце до утра.

Екатерина - Сергею

Твой голос бархатный, как птица
Всю ночь в окно мое стучится.
Сквозь смерти ржавую стену
Я не могу к тебе пробиться
И волком вою на луну.

Но чувства мрачные уймутся,
Когда от горя отвернутся.
Спит дочь - и радуга вокруг:
С ней Ангелы во сне смеются
Среди которых ты, мой друг.

Скажи мне, как тебе живется
В краю, где свет от Бога льется?
Твой лик лампадой озарю,
И сердце трепетно забьется,
Когда тебя живым узрю.

Парфенов отправил письмо срочной почтой. Вечером следующего дня позвонила Катя.

-Пожалуйста, не обижайтесь, - просила она, - постарайтесь понять меня. Если бы я не была заинтересована в том, чем вы занимаетесь, я бы давно дала вам это понять. Мы встретимся, обязательно встретимся с вами, не переживайте. Завтра я позвоню вам и скажу точное время.

Пришло "завтра" и уже собиралось уходить, но звонка все не было. Лишь в двенадцатом часу ночи Андрей услышал от Екатерины:

-Ну, кажется, все уладилось, завтра после пяти у меня будет свободное время, приезжайте, пожалуйста.

Екатерина встретила Парфенова очень приветливо. Она не выглядела уставшей и забегавшейся, как в прошлую их встречу. По интонации и выражению лица можно было догадаться, что она сама ждала этой встречи и рада поехать с Андреем в галерею, чтобы поговорить о книге.

Они общались непринужденно и легко; между ними чувствовалось взаимопонимание и духовная близость.

-Если бы вы не позвонили мне сами, то я вряд ли стал бы беспокоить вас еще раз, - признался Парфенов по дороге в галерею. -Я уже было подумал, что Бог просто решил испытать мое смирение. Но когда вы говорили со мной по телефону, я понял, что вам далеко небезразлично то, чем я занимаюсь.

-Не обижайтесь на меня, - отреагировала Катя, - постарайтесь войти в мое положение.

-Я вовсе не сержусь на вас, поверьте. Только все как-то странно складывается, с печатью обреченности, что ли. Мне про другое хочется вам сказать. До недавнего времени я не встречался с Сережей в сновидениях, а на днях словно что-то прорвалось и я его увидел. Вы не представляете, как хорошо я его видел. У нас дома есть картина Андрея Сорокина «На свидание с зарей». Холст этот как раз посвящен душе, ушедшей к Богу. Там изображены заснеженные холмы и следы на снегу. Видно, что человек ушел навстречу солнцу и растаял вдали. И вот видится мне этот холст наяву, только на сей раз там присутствует человек, которого я вижу со спины, но когда он повернулся, я узнал его: это был Сережа. Он улыбнулся мне и пошел дальше к солнцу. Говорить об этом трудно, потому что состояние выветривается от слов. А второй сон я видел днем позже, про вас. Пришел я в какой-то дом, встретился там с вами и вижу, что вы беременны. Я очень удивился, а вы мне спокойно объяснили, что ждете ребенка от Сергея. Проснувшись, я долго думал над значением сна и пришел к выводу, что идея, которую мы собираемся воплотить, и есть тот самый ребенок Сергея, которого вы должны родить в мир. Иного толкования, способного удовлетворить мое сердце, я не вижу.

Они приехали в галерею.

-Вы здесь теперь свой человек, - сказал Андрей, - садитесь на свое прежнее место и считайте, что вам предложили билет в театр одного актера для одного зрителя.

-И дорого такой билет стоит? - спросила, улыбаясь Катя.

-Дело совсем не в том, сколько он стоит, он может быть и бесплатным, но в театре только одно место, и попасть на концерт может лишь избранный.

-Выходит, я попала в число избранных, - шутила Гордеева.

-О, вы давно избранная, только почему-то из-за вас все время откладывается мой концерт, - засмеялся Парфенов, - уж больно недоступный вы зритель. Но, пожалуйста, давайте вернемся к нашему разговору, начатому у вас дома десять дней назад. Вы уже имеете представление о моей идее, но пользуясь случаем, я подробней расскажу о том, над чем работаю.

В своем предисловии я пытаюсь раскрыть тайну имени книги; потом вы рассказываете о своих духовных переживаниях; а далее выходит на сцену человек, встречу с которым вам предсказывал отец Николай, прошлый раз я говорил вам об этом.

От автора

Зимней порой в ночной час в уютном домике женщина с ребенком грелись у огня, дающего тепло и свет. Но вдруг огня не стало. Он погас внезапно, без всякой причины, оставив женщину в полной растерянности и недоумении. Мгновенно холодный мрак заполнил пространство, минуту назад сиявшее любовью и счастьем...

-Дом без огня - это трагедия, - согласились два писателя, решившие поведать людям о глубине утраты и создать памятник огню.

Первый начал описывать все об огне, о том, как он появился, как разгорался, как согревал хрупкую женщину и милого ребенка, как вдохновенно сиял и радовал окружающих. Затем шла констатация факта, что огня не стало.

Второй писатель начал со смертельного испуга женщины, лишенной огня. Прижимая к себе плачущего ребенка, она озиралась вокруг, пытаясь разобраться в происходящем. Потом она, оцепеневшая от страшной потери, поняла, что нельзя стоять на месте, и стала на ощупь искать свечу и спички, чтобы затеплить хоть какую-то надежду и вызвать к жизни свой внутренний огонь, дабы согреть ребенка и самой не умереть от холода. Далее писатель показал, как это нелегко - двигаться в холоде и мраке с ребенком на руках, когда каждый новый шаг грозит ушибом и болью; и всё-таки сквозь все нагромождения темноты маленькая женщина пробивается к заветному коробку со спичками и окоченевшими руками зажигает огонек.

В произведении второго писателя женщина сама повествует о том, как ей было тяжело сориентироваться впотьмах и найти в себе самообладание и волю, чтобы зажечь свет надежды; она сама высекает памятник огню из черного мрамора холодной ночи.

Когда я начал писать свою книгу, я был подобен женщине, пытающейся найти имя ребенку, впервые шевельнувшемуся под сердцем. Не такая уж простая задача дать имя зачатой в тебе жизни. Я путался во множестве имен, они роились в голове: "Апофеоз Любви", "Екатерина Гордеева: Первая страница новой жизни", "Господи, не дай мне угаснуть" и т. д. Часами я просиживал за компьютером, пытаясь найти самый подходящий вариант, обыгрывая всевозможные шрифты и размеры. Но однажды я проснулся среди ночи и в клочья разорвал все варианты титульных листов. Больше у меня не оставалось сомнений: книга, над которой я работаю есть

Реквием.

В отличие от журналистов, зациклившихся на образе Ромео и Джульетты, трагедия на льду у меня никак не ассоциировалась с шекспировским прошлым. Екатерина и Сергей воспринимаются мною совершенно новым явлением в мире; их трагедия требует иного осмысления и разрешения, что я и пытаюсь сделать на страницах своего "Реквиема".

Любовь и смерть

Мы слишком заняты жизнью, чтобы думать о смерти. Но наступает момент, когда мы хватаемся за голову и понимаем, что смерть есть такая же неотъемлемая часть жизни, как зачатие и рождение.

Я знала, что люди умирают. Кто не знает? У меня умерла бабушка. Умер дедушка. Я никогда специально об этом не задумывалась, но мне с детских лет было ясно, что за старостью обязательно следует смерть. Теперь я понимаю, что она следует не только за старостью...

Мне никогда не стать философом, я - фигуристка, пытающаяся выразить свои мысли об этой неотъемлемой части жизни, о которой мало кому хочется думать. Сколько вам лет? Тридцать восемь? Оглянитесь, у вас за спиной стоит смерть. А вам сколько? Девятнадцать, или двадцать четыре? За вами смерть следует тоже. Только, ради Бога, не воображайте себе какое-то чудовище с острыми когтями. Все намного проще и гораздо буднишней, совсем не так как мы думаем. Люди почему-то предпочитают жить крайностями: рождение ассоциируется с белым цветом, а кончина - с черным. Редко какому человеку приходит в голову задуматься о радуге жизни, о множестве едва уловимых оттенков всех цветов, сопровождающих живущего на Земле. Для одного начало пути - чернее сажи; для другого конец странствия - белее снега. Но разве кто-то осмелится подарить черные распашонки будущему извергу и садисту?

Живем как привыкли. Делаем революции, меняем все вокруг, и влачим за собой через века сознание первобытного человека.

Я тоже так думала: рождение - это то, что вначале; смерть - то, что в конце. Но вот мы едем с Сережей в Лэйк Плэсид вместе, а домой я возвращаюсь... одна. Когда мы последний раз вышли на лед, смерть кружилась вместе с нами; мы катались втроем, но тогда невозможно было разобрать кто держал меня за руки, мой муж, или наш невидимый третий партнер. Я помню глаза Сергея. Он так много хотел сказать мне напоследок. О, если бы только он успел! Мне кажется, в последние мгновения он узнал какую-то великую тайну, но у него не осталось ни секунды, чтобы рассказать мне о своем открытии. Это было самое важное, самое драгоценное из всего, что он успел познать живя в мире. Но это знание он унес с собой, и я могу только догадываться о том что он хотел прошептать мне перед смертью. Может быть, он придет ко мне во сне и откроет свою тайну? Впрочем, рано или поздно я сама уйду к нему, и он поделится со мной своими предсмертными переживаниями.

Его неподвижное тело летело над Землей из Америки в Россию. Это было наше последнее совместное путешествие. Не знаю, в какой реальности я оказалась, когда самолет набрал высоту. Люди и пассажирские кресла, стюардессы и световые табло, иллюминаторы и обшивка расплавились и исчезли. Был только бескрайний синий океан и облака над ним, а еще выше парил Сережин гроб с открытой половиной крышки над его лицом. И я летела рядом, склонясь над милыми чертами. Когда-нибудь я встречу режиссера, который сумеет показать в фильме наш полет в вечность.

В Америке последний раз мне дали пообщаться с Сергеем, у меня была возможность посидеть одной у гроба; передо мной прошла вся наша жизнь. Да только ли тогда; стоит чуть-чуть отдаться воспоминаниям, и прошлое оживает перед глазами, и я теряю ощущение реальности, не понимая где меня больше, там или здесь.

Смерть в России воспринимают куда трагичнее чем в Штатах, поэтому там я чувствовала себя у гроба очень тяжело, мне казалось, что причитания и громкие рыдания нарушали таинство смерти и терзали не только мою, но и Сережину душу. Видимо, россияне привыкли думать, что человек, умирая, исчезает навсегда. Этому нас учили в школах и институтах. В Америке я такой безнадежности не чувствовала. Хорошо, когда люди верят в загробное существование. Что касается меня лично, то если бы даже весь мир стал убеждать, что ничего после смерти нет и быть не может, то я предпочла бы умереть, но ни за что не предала бы своей веры в загробную жизнь. Разве я посмею лишить вечной жизни моего любимого? Он жив так же как и я, просто мы находимся в разных мирах и разных измерениях.

Как тяжела была та горсть земли, которую по традиции я бросила на крышку гроба. Как тяжела! Разве я хоронила одного его? Я хоронила себя, хоронила прошлое. Потому что всё, что будет после него - это уже другая жизнь. Боже, как трудно хоронить себя!

Когда любимое тело предается земле, начинается новый этап жизни. Нужно постоянно контролировать свои мысли. Стоит немного забыться - и ум опускает тебя в подземный мрак, под крышку гроба, и ты начинаешь наблюдать за медленным процессом распада. Всё, что ты любила, ласкала, на твоих глазах превращается в прах. Можно следить за этим процессом до полного умопомрачения. Можно думать: уже неделю как он в земле... уже тридцать дней как его похоронили... что же с ним сейчас, как он выглядит? О, как несчастны люди, для которых не существует вечности небес, кто прикован к Земле и не способен поднять глаза к ясному солнцу. Благо, что есть душа, что вместо мучительного наблюдения за тлением тела можно следить за восхождением человека к высотам новой жизни.

По возвращении из России в Коннектикут со мной случилось нечто совершенно необъяснимое. Девятнадцатого января в десять вечера, я укладывала Дашеньку спать. Я не дочитала Дарье сказку - девочка уже спала. Склонившись перед ней на колени, любуясь спящим ребенком, я погружалась в странное забытье. Вещи вокруг начали растворятся и исчезать. Что-то подобное я испытывала в самолете. Боясь, что такое же может произойти и с Дарьей, я положила на нее свои ладони, и с радостью ощутила мерное дыхание моей девочки. "Ты здесь, мое счастье, ты со мной, - шептала я, - мои руки всегда будут над тобой, они сохранят тебя от бед".

Незабываемая картина: никаких вещей кругом, даже Дарьина кровать исчезла, а дочь спит передо мной в невесомости, укрытая моими руками. "Сережа, - сказала я, - посмотри, как мы с Дашей парим в воздухе". Эти слова заставили меня очнуться, я встряхнула головой, и все стало на свои места. Поднявшись с колен, я поцеловала малышку и, выйдя в зал, долго ходила из стороны в сторону. Мною овладело чувство сильного беспокойства и безумное желание посетить место смерти Сергея. Решение пришло ко мне внезапно; я начала собираться в дорогу. Вышла мама и поинтересовалась куда это я на ночь глядя отправляюсь. Я стала сочинять что мне необходимо срочно увидеть Марину Зуеву и поговорить с ней с глазу на глаз об очень важном деле. "Что с тобой, Катюха, - спрашивала мама, - ты очень взволнована и о чем-то сильно переживаешь. Куда же ты так спешишь? Почему ты не хочешь решить все вопросы по телефону?" "Я скоро вернусь, мама, только умоляю, не держи меня, это очень важно", - проговорила я и выбежала из дома.

Не отдавая себе ясного отчета в том, что делаю, я не могла остановиться. О, я понимала, что погребение состоялось и панихида отпета, но мне казалось, будто в цепи событий не достает какого-то важного звена, что я должна уплатить еще какую-то особенную дань Сережиной душе. Я выехала из дома девятнадцатого января в десять тридцать вечера с тем, чтобы на озере отметить двухмесячный юбилей моего одиночества.

Это было настоящее представление с музыкой и зрителями. Я вышла на лед далеко за полночь, и ветер заиграл мне траурный марш Шопена. Я импровизировала движения, потому что мне никогда не приходилось танцевать под эту музыку. Зрителей в ту ночь было не так уж много, всего несколько звезд, изредка мелькавших в разрывах облаков. Мне стоило больших усилий продираться сквозь пронизывающий холод и вязкий ритм марша. Казалось, коньки врастали в лед, не желая скользить по его поверхности. Это было началом моей новой жизни без него.

Разумеется, с позиции нормального человека, это было безумием: ехать одной в кромешной тьме к озеру, переодеваться в легкий костюм лебедя, рискуя получить воспаление легких, и устраивать бесплатное представление облакам и звездам. Наверное, нормальные люди правы: это безумие. Но разве смерть любимого, с кем я срослась и душой и телом, без кого многие мои движения на льду, даже самые вдохновенные, не имеют смысла, потому что моя рука должна лететь не сама по себе, а вслед за его крылатым взмахом, потому что после прыжка я должна бросаться не в пустоту холодного пространства, а в его горячие объятья, разве эта мгновенная нелепая смерть не есть безумие, растоптавшее наше будущее? Разве эта смерть, я спрашиваю, не есть безумие, осиротившее моего ребенка, накинувшее на мою душу покрывало вдовства, которое не так-то легко сорвать, ибо оно впивается черной пиявкой, высасывающей радость жизни. Это перед людьми можно выглядеть свободной и сильной. Но сцена, овации, тренировки и наша надежная ледовая семья - это одна сторона жизни. А ночь, тишина, внезапно улетучившийся сон, родимая кроха - дочь, так похожая на него, спящая со мной на его месте, и обнимающая его во сне, уверенная в том, что настанет утро и папа обязательно придет... Это другая сторона, оказавшись на которой понимаешь, что одиночество - не какое-то жуткое и страшное животное, а всего лишь то, когда ты остаешься одна в ночи со своими горестными раздумьями.

В трагическом скрещении земного и потустороннего слились воедино время и вечность, смерть и жизнь, наполовину осиротевшая трехлетняя дочь - маленькая гражданка Америки с ее необозримым будущим и двадцативосьмилетний муж, погребенный в России, с его прошлым, умещающимся на моей ладони. Точкой пересечения стало мое сердце, которое против моей воли все еще билось и принуждало жить.

Да, он умер. Больше обманывать себя было невозможно, нужно было осмелиться принять эту страшную правду. Но как ее принять? Что, разве эти сильные руки больше не подбросят меня к небу, как пушинку? Разве я больше не буду лететь к нему, кружась в воздухе? Разве его лицо больше не склонится надо мной после победного выступления, когда вокруг кипят овации, а мы, запыхавшиеся, мокрые, смотрим друг на друга, и его милые глаза кричат мне: "Катька, девочка моя, мы сделали это, мы смогли". Разве ничего этого уже не будет? И я должна это принять? Человек с ампутированными ногами еще долго пытается надеть носки: руки сами тянутся к несуществующим ступням помимо воли.

Меня разорвали пополам, разве я могу убедить себя не тянуться к своей половине. Парное катание - очень жестокая вещь, ведь не существует ни тебя, ни его, а есть некое единое существо, творящее на льду легенду красоты и любви, пленяющее своими движениями... И вдруг это существо разрублено пополам... Когда думаешь об этом, хочется одного: самой раствориться в смерти и не жить, не быть. Хочется небытия, чтобы перестать чувствовать, чтобы не мыслить, не видеть; просто исчезнуть и раствориться в пустоте.

Смерть, не спросив, подарила мне свое безумие. Теперь моя очередь подарить ей безумный танец в ночи на льду озера, навеявшего смертный сон моему мужу. Больше мне не было холодно. Я кружилась в скорбном танце, вознося руки к небесам и крича о помощи. Только Бог мог слышать мой крик, заглушенный музыкой ветра.

Я танцевала на том месте, где за минуту до смерти стоял Сережа. Вот здесь он последний раз подбросил меня к небу. А здесь я последний раз обнимала его живого, прижимаясь к его груди... Стоп! Ведь в тот момент мое сердце находилось в нескольких сантиметрах от его огромного колокола жизни, отчего же я не могла расшифровать эти трагические удары? Боже, почему я не могла понять язык его увеличившегося до разрыва, не умещающегося в грудной клетке сердца? Если бы я могла расшифровать эти гулкие удары за двадцать минут, нет, хотя бы за десять до того как сердце перестало биться, все было бы иначе. Его надорванное сердце билось в мою грудь, словно кто-то убегающий от погони стучался в дверь моего дома, умоляя защитить его от безжалостного преследователя. Почему я не открыла дверь? Нет, все было не так, все должно было случиться как-то по-другому. Судьба, дай мне прожить все заново, сделай меня способной отвести трагедию от моей семьи...

-Сергей, остановись немедленно, тебе нельзя двигаться, сядь здесь, умоляю тебя, не вставай.

-Катька, да ты что, с ума сошла что ли? Со мной все в порядке, а на тебе лица нет, что случилось?

-Сереженька, не шевелись, родной. Скорую, доктора ,скорей, у человека жизнь висит на волоске, у него сердце останавливается, срочно пришлите вертолет, спасите нашу жизнь, не дайте трагедии наброситься на наши души...

Господи, почему же я не распознала голос его умирающего сердца, взывавшего о помощи?

Этот вопрос как острый серп подкосил меня, и я упала на лед, на то самое место, где начало остывать тело моего любимого. Больше я не помню ничего, потому что лишилась сознания и ветер стал набрасывать крупинки снега на мое замерзающее тело.

Очнулась я ранним утром в своей машине, лежа на своей пуховой куртке и заботливо укрытая чьим-то большим теплым пальто. Кто-то разложил заднее сиденье моей "Вольво-фургон", завел двигатель и все время обогревал машину. Сначала я испугалась, мне казалось, что кто-то сидит в машине, но рядом не было никого. Весьма озадаченная происшедшим, я переоделась и проверила, не осталось ли чего-то из моих вещей на льду, но все было аккуратно сложено в сумку. Когда я села за руль, то обнаружила на пассажирском сиденье букетик подснежников. Мне снова сделалось страшно: откуда взялись эти подснежники в разгар зимы, и как случилось, что моими зрителями были не только звезды, но и какой-то человек?

Я ехала медленно и все время смотрела по сторонам в надежде увидеть своего спасителя. Отъехав от озера метров триста, я вдруг заметила мужчину в одном пиджаке, идущего по снегу в сторону леса. Остановившись, я открыла окно и начала сигналить, но он не оборачивался. Тогда я вышла из машины, взяла пальто и стала размахивать им, крича человеку, что он должен одеться. Незнакомец обернулся и помахал мне.

-Сережа, - вырвалось у меня, - ты живой, я знала, что ты живой. Значит, все то было просто страшным сном, значит, судьба сжалилась надо мной и я отвоевала тебя у смерти; я распознала биенье твоего сердца и успела позвать на помощь. -Сереженька, подожди, родной, тебе же нужно одеться.

Я бежала к нему, проваливаясь в глубокий снег и волоча за собой пальто.

-Катя, - послышалось за спиной, - разве Дашенька еще не спит?

Я открыла глаза. Мои руки лежали поверх одеяла, под которым спала Дарья. Поднявшись с колен, я удивленно посмотрела на маму и спросила:

-А сколько сейчас времени?

-Двадцать минут одиннадцатого, - ответила мама.

Лежа в постели, я много размышляла о случившемся со мной. Желая удостовериться, в своей ли я комнате, я обводила глазами стены и потолок, как вдруг мой взгляд упал на букетик подснежников в хрустальной вазочке на столе рядом с Сережиным портретом. Я чувствовала себя изнемогшей; тело не повиновалось рассудку, приказывавшему подняться и убедиться, действительно ли это цветы, или галлюцинация. Разуму хотелось как можно скорей прикоснуться к вазе и развеять иллюзию, но сердце не желало расставаться с подснежниками, принесенными из потусторонней реальности. "Может быть, с восходом солнца эти "нереальные" цветы исчезнут, но ведь сейчас они есть, тем более, что я сама хочу, чтобы они были", -думала я засыпая.

Екатерина плакала. Андрей принес салфетки и стакан воды, и молча ждал когда Катя успокоится. Он чувствовал себя раздвоенным. Мысль опережала события. Едва сдерживая слезы, он подошел к Екатерине и, прикоснувшись дрожащими руками к ее плечам, сказал: "Не плачьте, Катя, пожалуйста, не плачьте, мы уже почти дошли до того места, где радость и детский смех побеждают печаль. Еще несколько страниц, и события примут совершенно иной оборот, вы сами почувствуете, как ваша душа поднимается к небу". Но поскольку желание шло впереди действия, у Парфенова не хватило времени осуществить то, что уже произошло в нем: он только пытался преодолеть робость, чтоб подойти к Кате и положить ей руку на плечо. Желая выйти из этого раздвоенного состояния, Андрей продолжил разговор о книге.

-Сейчас появится тот таинственный человек, встречу с которым вам предрекал отец Николай. Помните, мы говорили про это во время нашей первой встречи у вас дома?

Катя кивнула головой.

-Вам очень тяжело, - сказал Парфенов. -Многочисленные интервью измотали вашу душу; и в один из вечеров во время очередной беседы с корреспондентами какого-то популярного журнала, ваши нервы не выдерживают.

-Я больше не могу! - тихо простонала сквозь слезы Екатерина, - я устала, у меня нет никаких сил отвечать на эти жестокие вопросы, умоляю вас, оставьте меня одну. Неужели всем вам доставляет удовольствие делать мне больно?

Рыдая, она вышла из дома, и несколько

минут стояла, закрыв ладонями лицо. Вдруг она почувствовала на себе чей-то сильный взгляд. Она открыла глаза и прямо перед собой увидела рослого человека в длинном коричневом плаще. Да, это был он, тот самый незнакомец с одухотворенным лицом, обрамленным волнистыми русыми волосами, взгляд которого глубоко запал ей в душу. Его глаза излучали покой и истинное сострадание. Катя приблизилась к нему и незнакомец обнял её.

-Отец Николай просил вас не прикасаться к этой ране в течение года, почему же вы не прислушались к его наставлению? - сказал он Кате. -Ваша душа сейчас как испуганный плачущий ребенок, которому нужна тихая колыбельная песня, чтобы он успокоился и заснул. Самое трудное в жизни - дождаться рассвета. Здесь холодно, пойдемте в мою машину, вам нужно согреться.

На удивление журналистам, наблюдавшим за всем со стороны, Катя покорно пошла за незнакомцем и села в его светло-серый "Линкольн".

Оставив в полном недоумении репортеров и родителей, они отъехали от дома мили три и остановились под фонарем на территории городского парка. Незнакомец долго смотрел на Екатерину.

-Кто вы? - спросила она, дрожащим голосом, - вы священник?

-Нет.

-Может быть, вы писатель или философ?

-Какой из меня философ, - засмеялся он, - я просто прохожий, увидел вас и не мог пройти мимо.

-Я хорошо помню как вы смотрели мне

вслед, когда я покидала кладбище. Там было много людей, но именно ваш взгляд поразил меня; потом мои мысли невольно возвращались к нашей мимолетной встречи. Каким образом вы оказались на похоронах Сергея?

-Я летел в Москву вместе с вами.

-Выходит, вы давно наблюдаете за мной? - удивилась Катя.

-Да, я старался быть в курсе всего, что с вами происходит. Как вы сейчас себя чувствуете?

-Вы сами видите как. Я стараюсь держать себя в руках, но порой бывает невыносимо. Умереть хочется. Лечь, сложить руки на груди, и заснуть вечным сном. Но как подумаю о Дарье - стыдно становится за себя. Понимаете, ко всему надо подготовиться, а его смерть свалилась на меня, как ночь в полдень. Я же совершенно не была к ней готова. Иногда смерть предупреждает человека, и, как бы отрицательно человек к этой гостье не относился, он встречает ее подготовленным, ведь она честно заявила о своем визите. А с нами она обошлась по-иному. Долгое время кралась на цыпочках, а в самый неподходящий момент набросилась и унесла Сергея. Мне было бы легче, если бы он умирал постепенно, если бы я ухаживала за ним, привыкая к мысли о смерти.

-Напрасно вы так думаете, - остановил ее незнакомец, - во-первых, не всякого Бог удостоит такой смерти: склониться к земле и тихо отойти в мир иной без мук и болезней. Такой смерти нужно заслужить у Бога. Ваш Сережа удостоился этой святой кончины. А во-вторых, смерть не может прийти к человеку, не оповестив его об этом; просто не все люди замечают знаки на своем пути.

-О чем вы говорите, - негодующе возразила Катя, - смерть Сергея была полнейшей неожиданностью.

-А зачем же вы тогда к ней готовились?
-К кому, я имею в виду к чему? - не поняла Катя.

-К смерти вашего мужа, - убедительно произнес Незнакомец.

-Ну что вы! - возмутилась Катя. -Как мы могли готовиться к смерти, если о ней никто не подозревал?

-А «Реквием»? - спросил незнакомец.
-Что «Реквием»? Причем здесь «Реквием»?
-«Реквием» Верди. Разве это не подготовка к смерти? - невозмутимо продолжал неизвестный человек. -Вы предчувствовали смерть, потому и загорелись желанием поставить «Реквием» на льду. Только вы поздно начали его готовить, не успели показать людям, а жаль, очень сильно у вас получалось, я внимательно наблюдал за репетициями... А что, если вы сами закончите «Реквием»? Этим вы пригласите душу Сергея на Землю, он вас поддержит, одной вам не осилить этой вещи. Но это невидимая сторона. А видимая - в том, что это будет ваш реквием по любимому другу.

-Вы, - обратилась к нему после долгой паузы Катя, - вы говорите странные вещи. - Кстати, за разговором я забыла спросить ваше имя.

-Американцы меня зовут Энтони, но вы можете называть меня Антонием.

-Вы, Антоний, хотите сказать, что если бы мы не стали готовить «Реквием», Сережа остался бы в живых?

-Нет, что вы. Я хочу сказать, что вы

начали репетировать «Реквием» потому, что ваш муж готовился умереть. И это не единственный знак. Если вы внимательно пронаблюдаете за последними месяцами вашей совместной жизни, вы найдете много необычных вещей. Как будто вы не помните, что последнее время в разговорах, в ощущениях, в любви вы прощались с мужем. Вы сами недоумевали, почему вы любите его совершенно особенной любовью, будто боясь потерять. И Сергей испытывал то же самое. Только вы не говорили друг другу о своих странных ощущениях.

-Почему вы так смело об этом говорите? - спросила Катя. -Словно вы с Сергеем разговаривали после смерти. Конечно, в ваших словах много правды. Действительно, было достаточно много необычного в последнее время. Можно было бы все осмыслить, если бы не моя теперешняя взвинченная жизнь.

-А вы остановитесь, - сказал Антоний. -Тогда у вас появится время для общения с Сергеем, ведь его душа ждет от вас не только тоски, не только сожаления по поводу его ухода, но также и близкого общения с ним.

-Что вы имеете в виду? Уж не настраиваете ли вы меня на то, что он станет являться ко мне? Я слышала, что многие люди от таких визитов теряли рассудок.

-Нет, никто к вам являться не будет. Но у вас должно выработаться свое, глубоко личное отношение к загробной жизни любимого. Среди религиозных людей распространено мнение, будто душа, покинувшая тело, раз и навсегда отключается от всех земных проблем. Такие люди утверждают, что печальная неприкаянность сирот, мрачное одиночество вдовы, невыплаченные долги или недостроенный дом никак не могут задевать человека, перешедшего реку смерти. Земное, уверяют они, перестает для умершего существовать раз и навсегда. Допустим, они правы. Но справедливо ли в таком случае на Божьем суде напоминать этому человеку его земные прегрешения? Не рассмеется ли он и не скажет ли ангелам: "О чем вы говорите, о каком прошлом, я и сирот-то своих голодных не помню, и жену, оставшуюся под бременем невыплаченных мною долгов, а вы мне про какие-то грехи далекой юности напоминаете. Что вы, я уже в другом мире, земное не касается меня нисколько".

Посмертная жизнь души зависит от ее развития, от того, до какой духовной высоты она сумела подняться при жизни. Например, умер негодный человек, издевавшийся над собственными детьми, обижавший жену и прожигавший жизнь, не задумываясь о воздаянии. Ну о ком он может думать после смерти? Он и при жизни-то ни о ком не думал, потому что был рабом низменных страстей.

А теперь поднимемся к духовным вершинам. Жил старец, отличался благочестием и праведностью, добротой и святостью. И вот он уходит. После смерти он не только не забывает жизнь на земле, а еще более принимает в ней участие: люди обращаются к нему, как к заступнику и ходатаю пред Богом. Стало быть, помнит человек земную жизнь после смерти, и душа его не перестает болеть за близких. Весь вопрос, я повторяю, заключается в том, кем был человек и кто есть близкие, оставленные им.

По существу, есть два посмертных жития души. Первое - это житие в потустороннем мире, определяемое духовным развитием умершего.

Второе - это житие в земном мире, в памяти народа, в воспоминаниях близких, целиком зависящее от духовного развития проводивших душу в дальнее странствие. Одни приговаривают умершего к длительному заточению в тюрьме их собственного горя. Другие дарят ему радостную надежду на встречу и благословляют его судьбу, веруя, что все исходит от Бога. Одни увековечивают светлую память об умершем, другие - предают забвению.

Вот, умер мученической смертью царь Николай Второй. Кем он был для русского православного народа в атеистической стране? Никем. Кто-то в России, бесспорно, почитал его, но официальная церковь, как ни странно, относилась к нему так же, как и советская власть - пренебрежительно. Русская же зарубежная церковь канонизировала великомученика, и иконы с ликом Николая Второго можно видеть во многих православных храмах. Или умер, например, ребенок в безбожной семье. Горе разрывает сердца родителей. Они - самые несчастные люди на свете. Неважно какое будущее ждет их ребеночка в потустороннем мире, это к ним никакого отношения не имеет, ведь для них ребенка не существует, он для них исчезает со смертью навсегда. А вот другой случай. Религиозная семья похоронила отца. После его смерти девятилетняя девочка, молясь Богу, обращалась и к своему отцу: "Папочка, только ты знаешь, как нам тяжело без тебя, даже ангелы на небе не поймут этого, ведь они не жили с нами, а ты жил. Упроси Бога, чтобы Он помог маме, не забывай нас, нам нужна твоя помощь". Как видите, детское сердце, не спрашивая взрослых, канонизировало отца, сопричислило его к лику святых. И таких примеров тысячи.

Так и в вашем случае многое зависит от вас. Уверуйте в то, что Сережа не оставит вас и Дашеньку, не бойтесь обращаться к нему, разговаривайте с ним, представьте, что он находится за стеной. Этой стеной является наша человеческая ограниченность. Если бы можно было разбить эту стену, вы бы лицом к лицу общались с Сергеем. Главное, душу свою не рвите тоской. Общайтесь с ним на светлых нотах. Ваши боль, мучения, мрачные мысли будут ранить его тонкую душу. А если вы скажете: "Родной мой, мне сегодня легче, я чувствую как ты летишь над миром, и самой хочется взлететь над печалью. Спасибо тебе за доченьку, за прекрасную жизнь с тобой", - ему будет радостно и легко. Он-то на жизнь смотрит сверху, оттуда лучше видно, а мы, находясь здесь, не можем увидеть многих важных вещей.

Катя вернулась домой очень поздно. Встретившись на пороге с удивленной и взволнованной мамой, Катя спросила её:

-Мама, если кто-нибудь встретит ангела, обязательно ли видны его крылья?

Не дождавшись ответа, она поднялась на второй этаж, зажгла свечи у портрета Сергея и долго смотрела на него.

С этого момента, - продолжал Парфенов, - мне хочется перейти от книжного видения нашей идеи к картинному, а точнее, экранному. Скажите, вам случайно не предлагали какие-нибудь телекомпании экранизировать события, связанные со смертью вашего мужа? - неожиданно спросил Андрей.

-Да, мне несколько раз звонили по этому поводу, но я никому ничего не обещала.

-Вот и хорошо. Прошу вас, ради Бога, не спешите подписывать контракты. Я видел фильмы, сделанные на скорую руку, пока воспоминания об известном человеке не остыли. Поверьте, их ценность не велика. Если вы хотите создать достойный памятник Сергею, вы должны сделать этот фильм сами. Никто лучше вас его сделать не сможет. Мне хочется показать вам, каким я представляю экранизированный вариант нашей книги. К сожалению, нет времени прочитать вам весь сценарий, поэтому остановлюсь лишь на вступительной и заключительной сценах фильма. На мой взгляд, экранизация возможна только после публикации книги, потому что нам необходимо видеть реакцию людей. Одним словом, у книги будет своя жизнь, а у фильма - своя. Постарайтесь теперь представить себя зрителем в кинотеатре с огромным экраном.

Фильм будет начинаться с того же предисловия, что и книга: "Зимней порой в ночной час в уютном домике женщина с ребенком грелись у огня, дающего тепло и свет". Разумеется, слов не будет, люди должны сами видеть это. Камера медленно плывет над мрачным лесом. Буря завывает среди голых деревьев и кружит в безумном танце вихри снежинок. Внизу - застывшая река. Тревожно и даже страшно. Но вот впереди показался огонек, и взгляд быстрее заспешил к нему. Камера на несколько секунд останавливается на столбе с оборванными электрическими проводами, а затем проникает в домик, где горят дрова в камине. Вы и Дарья греетесь у огня. Вас окружают такой уют и покой, что сразу забываешь о том, что делается снаружи. Сережи нет рядом с вами, но слышится его голос, он спросил вас о чем-то, а вы ему отвечаете. Потом вы позвали его: Сережа, Сергей. В ответ тишина и завывание вьюги за окном. Холодная тревога прокралась в дом. Вы еще раз зовете Сергея, но он не отвечает. В этот момент оператор приближает камеру к вашему озадаченному лицу, но никто не успеет его разглядеть. Сильный порыв ветра выбивает стекло. Замедленные съемки показывают, как снежный вал вместе с осколками стекла обрушивается на дрова в камине, и огонь гаснет. Воцаряется мрак. Совершенно черный экран. Только слышно, как плачет Дарья, как вы натыкаетесь на мебель и шепчете в испуге: "Господи, помоги мне. Что же теперь делать? Дашенька, я здесь, вот моя рука. Что же такое происходит? Нужно что-то делать". Вы шарите руками по полкам, роняя разные вещи, и, наконец-то, находите заветный коробок. Слышится, как вы чиркнули спичкой, и в верхнем правом углу совершенно черного экрана загорается маленький огонек. Звучит музыка из "Реквиема". Огонек летит по диагонали к зрителям, быстро увеличиваясь в размерах. И вот уже всем понятно, что это - огненный ангел с факелом в руках несется навстречу. Ангел буквально налетает на зрителей; прямо перед глазами он прочерчивает факелом огненную полосу. Поначалу кажется, что это - бесформенная полоса пламени, разрезавшая экран по диагонали. Но вот огонь обретает форму и видно название фильма: «Реквием». Трагические звуки Верди пущены на предельно-доступную громкость. Затем экран светлеет и по разные стороны надписи появляетесь вы с Сергеем в очень нерезком, туманном изображении. Медленно приближаясь друг к другу, вы вытесняете надпись с экрана, а изображение обретает резкость. Вы с Сережей в голубых костюмах, и он склонился над вами после победного выступления на Олимпиаде. Это кадры из хроники. Потом вы с ним кланяетесь зрителям, слышатся овации.

Это - вступительная часть. Опуская содержание фильма, перейду сразу к заключительной сцене, к последней встрече с Антонием, желающим освободить вас из темницы печали.

Однажды ночью, когда вы уже собирались спать, Антоний приехал к вам на такси, без предварительного звонка. Вы очень растерялись, потому что совсем не ожидали встречи с этим человеком в столь поздний час.

-Екатерина, - сказал он вам, - завтра я покидаю Штаты. Я приехал, потому что вы хотели поговорить со мной. У меня есть только эта ночь, мы можем поехать ко мне домой. Мне многое хочется сказать вам на прощанье.

Вы соглашаетесь и уезжаете с ним на своей машине.

Дорога тянется долго, очень долго. Давно осталась позади центральная трасса, давно кончился асфальт, и узкая грунтовая дорожка вьется по лесу. Вы едете молча, превозмогая страх, но до последнего не теряете веры в этого человека. Он попросил вас остановиться и вы вышли из машины.

-Дальше нужно идти пешком, - тихо произнес Антоний, - дайте мне вашу руку, мне здесь каждый бугорок знаком.

Катя покорно следует за ним. Тропинка выводит их к реке.

-Через эту реку недавно перешел ваш муж, а вам еще рано. Позвольте, я вас перенесу, - предложил Антоний, и, подняв Катю на руки, не разуваясь, перешел вброд шумную речку.

-Не переживайте, я скоро переоденусь в сухую одежду, - успокоил он ее волнение, - до моего дома осталось идти минут пять.

Маленький домик оказался внутри очень чистым. Катя удивилась, увидев в камине только что разведенный огонь, хотя кроме нее и Антония там никого не было. Антоний усадил ее в кресло недалеко от камина, а сам пошел переодеться. Оглядевшись вокруг, она заметила на вешалке пальто, которым кто-то укрыл ее во сне, когда она ездила танцевать траурный марш Шопена на озере в Лейк Плэсиде. Через несколько минут Антоний вышел к ней босиком, одетый во все белое, и присел напротив.

-Вы, кажется, чем-то удивлены, - заметил он.

-Это пальто, - начала Катя чуть ли не заикаясь, - откуда здесь это пальто? Что все это значит? Выходит, это произошло со мной в действительности? Но ведь это невероятно, я ведь никуда из дома в ту ночь не выезжала. Это было во сне, я хорошо помню. Да, я поехала одна в Лейк Плэсид. Танцевала на льду. Потом потеряла сознание. Кто-то перенес меня в машину и накрыл этим пальто. Значит это были вы, а не Сергей? Ответьте, это произошло во сне или наяву?

-Если происходящее по ту сторону сомкнутых век считать сном, а происходящее по эту сторону - явью, то с вами случилось это во сне. Если же допустить, что дневные события есть сон, а ночные видения - явь, то все произошло в действительности. Прошу вас, не думайте об этом пальто, я унесу его в другую комнату, чтоб оно вас не смущало.

-Нет, нет, оставьте его на месте, - попросила Катя. -Вещь можно снять с вешалки или убрать с полки, но из памяти-то она всё-равно не уйдет. Да и какая, собственно, это вещь... Вы меня сильно озадачили своим появлением в моей жизни. Не знаю, почему я вас не боюсь. Когда я думаю о вас, мне бывает страшно, а как увижу - готова идти за вами хоть на край света. Знаю, что вы не причините мне зла. Правда, наши встречи очень похожи на свидания по ту сторону сомкнутых век, как вы сказали. Но и сновидения с вашим участием мало чем отличаются от реальности. Не знаю, зачем вам понадобилось предложить мне, чтобы я сама закончила «Реквием». Я считала ваше предложение крайне несерьезным, и даже возмутилась про себя: ничего не понимает в фигурном катании, оттого и советует откатать в одиночку то, что мы делали с Сергеем. Я знала, что невозможно одной сделать «Реквием». Но прошло три дня после нашего разговора, и во сне началась какая-то мистика, растянувшаяся на несколько ночей.

В первую ночь я увидела вас на катке. Удивленная вашим появлением, я перестала кататься и начала за вами наблюдать. Вы сняли плащ, расшнуровали туфли и босиком направились по льду ко мне. Одеты вы были примерно так же, как и сейчас. Я очень переживала что вы отморозите свои ноги и сама подъехала к вам.

-Вы начали репетировать «Реквием»? - спросили вы не поздоровавшись.

-Нет, зачем я должна его репетировать, - растерялась я.

-Неужели вы не понимаете, что в нем замерла душа Сергея, отпустите ее на волю.

-Что вы привязались ко мне с этим Верди, - разозлилась я, - сначала вы убеждали, что под эту музыку мой муж готовился к смерти, а теперь требуете, чтобы я одна откатала эту программу. Вам что, хочется оставить моего ребенка сиротой? Не буду я ничего делать!

-Ну смотрите, мое дело предложить, - сказали вы и ушли.

А я смотрела вам вслед, недоумевая, почему под вашими ногами тает лед.

Весь день я недоумевала, что бы это значило. Засыпая не могла забыть об этом. Но на следующую ночь во сне я проснулась около трех часов и поехала на каток, взяв с собой кассету Верди. Странно, такое только во сне могло произойти: у меня были ключи от дверей, я знала где включается свет, в общем, в ту ночь я была полноправной хозяйкой катка. Зазвучал Верди, и я начала кататься. Сначала у меня ничего не получалось, но потом я стала вносить импровизации в программу, которую мы делали с мужем: в моих движениях появилась легкость и выразительность, было ощущение что еще миг, и я взлечу над льдом, или произойдет что-то небывалое. Но я проснулась.

Когда настала следующая ночь, я точно знала, что во сне опять отправлюсь на репетицию «Реквиема», потому что прошлый раз меня не совсем удовлетворило мое выступление. В три утра я снова оказалась на катке. На сей раз я отдала всю себя служению по умершему. Если во время первой репетиции я не могла освободиться от ощущения, что танцую с мужем, и мои движения были рассчитаны на партнера, то сейчас я танцевала для Сергея, это уже была моя личная интерпретация музыки. Понимаете, Антоний, это было нечто сверхчеловеческое на льду, только не думайте, что я хвалю себя, в жизни я ничего подобного никогда не делала, да и не сделаю. Если бы я когда-нибудь встретила человека, способного такое откатать, то я упала бы перед ним на колени. Но ни одному человеку это не под силу. Важно отметить, что в средней части моего выступления «Реквием» стал звучать совершенно иначе. Исчезли минорные звуки, полилась торжествующая радость, словно это произведение писалось не для умершего, а для воскресшего. Хотя это был все тот же Верди. Кажется, я никогда в жизни не испытывала подобного ликования и блаженства. Я летала надо льдом и не чувствовала тяжести тела. Боже, как мне было хорошо! Когда музыка стихла, я поклонилась несуществующим зрителям. И тут вдруг взорвались аплодисменты. Я растерялась, стала смотреть по сторонам и обнаружила, что это не тот каток, где я обычно тренируюсь, а какой-то громадный амфитеатр, и тысячи людей со всех сторон аплодируют мне. От волнения я начала плакать. Кланяюсь во все стороны. Смотрю, в одном из передних кресел сидит человек в голубом костюме и держит букет, а точнее - охапку белых роз, бутонов сто, наверное, так что из-за цветов его лица не было видно. Поднялся он с места и направился ко мне. По походке я сразу узнала - Сережа. И точно, когда из-за цветов показалось лицо - он, он живой идет ко мне. А я стою как пригвожденная, вся в слезах, рот от изумления раскрыла, не могу вымолвить ни слова. Сергей положил цветы на лед у моих ног, крепко обнял меня, а потом поднял на руки. "Спасибо, - говорит, - что ты отвоевала мою душу у скорби, поблагодари Антония за меня."

Я долго искала вас глазами, но вас не было в амфитеатре.

-Ну вот теперь я рядом, - радостно засмеялся Антоний, - можете благодарить. Я знал, что вы сумеете станцевать «Реквием» одна, я всегда в вас верил.

Катя подошла к нему и горячо обняла.

-В вашем доме удивительно спокойно, - поделилась своими ощущениями Катя, - я здесь впервые, а все кажется очень знакомым.

-Да, - согласился Антоний, - в жизни, если приглядеться, действительно все знакомо и все знакомы. Но у людей нет времени думать об этом. Впрочем, у нас тоже не так уж много времени, - забеспокоился он, - а мне еще нужно рассказать вам главное - сказку о вечной любви. Прежде чем начать, мне хочется вам что-то подарить. Вот, возьмите.

И он протянул ей медальон на серебряной цепочке. Катя хотела открыть его и посмотреть что внутри, но Антоний, прикоснувшись к ее руке, предостерег:

-Не открывайте медальон, у вас будет для этого особое время. А сейчас послушайте мою сказку.

Фламинго

В давние времена, когда мир был более таинственным и неприкосновенным, в пятидесяти милях от Гренландии, на острове Эдельграйн, ныне покоящемся под ледяным покровом и пирамидами айсбергов на дне Северного Ледовитого Океана, а прежде омываемом теплым течением Родэс и поражающем мореплавателей вечнозелеными лугами и непрекращающимся праздником весны, в маленьком Царстве Грез, раскинувшемся на 96 холмах, жила Царевна Мечта. На высоком холме возвышался ее чудесный замок из драгоценных камней. Ни одному из царей мира не снилось ничего подобного. Если бы этот остров существовал в наше время, или, скажем, два - три века назад, то хозяева "большой земли" непременно снарядили бы целый флот и отправились бы на завоевание замка. Потом затеяли б трехсотлетнюю войну за право владения островом. Всё-таки хорошо, что теперь остров надежно спрятан под водой и льдом.

Стены замка были выложены из разноцветных граненых камней нефрита и фианита. Преобладали розовый и лавандовый цвета с перламутровым отливом. Арки окон и дверей были сделаны из хризолита, а столбы на балконе вымощены аквамаринами разной огранки. На постройку замка пошло множество алмазов, изумрудов, лазурита, чароита, эвклаза и много других чудесных камней. Солнечные лучи, преломляясь в призмах бериллов и топазов, рассыпались вокруг множеством изумительных разноцветных лучиков. А ночью, о, это неописуемое чудо, разбросанные по небу зеленые, желтые, красные, сиреневые огоньки каким-то загадочным образом фокусировались на замке и начинали светиться в темноте. Издалека казалось, что это большая звезда упала на Землю и зовет всех полюбоваться своей красотой.

Но Царевна Мечта даже не представляла, каким сияющим чудом она окружена во сне. Она была еще так юна и невинна, что ночное очарование не было знакомо ее душе. Ее отрадой был день. Просыпаясь чуть позже птиц, она выходила на балкон встречать любезное светило.

-Здравствуй, Солнышко, - говорила она, -спасибо, что встаешь над Землей. Взойди и в моем сердце, чтобы я была радостной и светила людям.

Стоя на балконе, маленькая царевна долго любовалась окрестностью, а уж в Царстве Грез, поверьте, было чем любоваться. Когда девочка смотрела в левую сторону, ее взгляд проплывал над сказочными лугами, усыпанными прекрасными цветами, и долго парил над восхитительным озером, покоящимся в огромной изумрудной чаше причудливой формы. Сквозь кристально-прозрачную воду был виден каждый выступ изумрудных скал и фантастический рисунок кораллового дна. Головокружительная глубина и невероятная прозрачность вызывали неописуемый восторг. Находились люди, которые отказывались верить своим глазам, объясняя подобную глубину оптическим обманом. Но стоило кому-то бросить в воду большой камень, как сомнения рассеивались: камень долго летел в прозрачную бездну, пока, наконец, не превращался в маленькую точку и не исчезал совсем. Интересно было

115

наблюдать за павлинами - большими разноцветными рыбами с очень пышными переливающимися хвостами.

Глядя в правую сторону, царевна видела белую мраморную пристань и корабли, зашедшие в тихую гавань отдохнуть от дальнего плавания. Царевне нравилось рассматривать красочные изображения на парусах, и по этим рисункам она пыталась представить неизвестную страну, из которой плывет корабль. Если на парусе извивался огненный дракон, то девочке казалось, что корабль пришел из страны суровых нравов и законов; грозный лев на парусе говорил ей о силе и могуществе государства; медвежонок коала наводил на мысль о простоте и незамысловатости характера жителей неизвестного края. Девочка предпочитала видеть добрых животных на парусах, потому что кроткая лань дарила ей покой, а черная кобра, напротив, внушала страх. А страх - очень неприятное чувство.

Вдоволь насмотревшись по сторонам, счастливая маленькая царевна шла завтракать, а потом убегала на широкий луг между замком и озером.

Девочка была - само движение. Судьба наделила ее необыкновенной грацией и пластичностью. Ее походка заставляла прохожих останавливаться и благоговейно смотреть ей вслед. С раннего детства родители разглядели в ней этот дар и поняли, что танец будет стихией ее жизни. Этому нельзя научиться, с этим человек приходит в жизнь, и блажен тот, в ком вовремя распознали сей дар и помогли ему развиться. Когда царевне было двенадцать лет, она могла станцевать и течение горного ручья, и падение дождевой капли, и тишину озера. В танцах она могла изобразить восход солнца и порыв ветра, из неподвижности она перевоплощалась в вихрь, и всякое человеческое чувство воплощалось в ее танцах и было понятно людям.

В Царстве Грез, где ни деды ни прадеды не знали, что такое зима и холод, тело девочки, не обремененное одеждами, было подобно дуновенью. Казалось, она не перемещалась в пространстве, а перетекала, струилась свободная как воздух.

Утренние танцы царевны привлекали многих зрителей, любивших проводить время в любовании невероятной свободой тела, подчиненного иным законам естества. Люди восторженно хлопали в ладоши и благодарили царевну. Она не была гордой, для нее возможности ее тела были совершенно естественным явлением, таким же, как для опытного садовода умение выращивать цветы, или для портного шить платье. Отсутствие в ней гордыни располагало к ней народ, который благословлял ее и желал новых успехов.

Как-то раз девочка замечталась у озера и не заметила, как солнце село за горизонт и стало темно. По дороге к замку царевна остановилась на лугу и стала наблюдать появление в небе звезд, их отражение зеркале озера и многочисленных драгоценных камнях замка. Впервые ночное очарование посетило сердце девочки и заполнило его светлой грустью. Царевна полюбила закаты и звезды в небе, зовущие далеко-далеко. Теперь шестнадцатилетняя Царевна Мечта умела танцевать полет кометы и отражение звезд в озере. Светлая грусть, поселившаяся в сердце девушки, была ничем иным, как ожиданием чуда.

И чудо пришло. Однажды юная царевна, наблюдая за пристанью, приметила новый корабль с изображением розового фламинго, во всю ширину паруса раскинувшего крылья в свободном легком полете. На острове не было таких птиц, поэтому девушка тут же вытянула шею и взмахнула руками, пытаясь повторить движения птицы. Царевна полюбила неведомое розовое существо. Всю ночь ей снилось будто она кружится с фламинго в невесомом танце. А утром ей стало известно, что Царство Грез посетил Принц Вдохновение, которому и принадлежал этот чудесный корабль.

В один из вечеров до царевны донесся шум рукоплесканий со стороны ее любимого луга. Она вышла на балкон и застыла от удивления. На лугу, освещенном лучами заходящего солнца, собралось много народа, перед которым танцевал принц. Тело его было подчинено тем же законам, которые делали царевну легкой, как пух лебедя. Принц Вдохновение тоже умел парить в невесомости. Танец его был окрылен вдохновением. Изумленная царевна стояла не шевелясь, но каждая клеточка ее тела давно участвовала в том танце жизни, который привез принц в их маленькое царство. С наступлением темноты люди на лугу начали рассеиваться, а с появлением звезд Принц Вдохновение остался один, продолжая свой прекрасный танец.

Девушка не выдержала и спустилась вниз. Робко подойдя поближе к принцу, она сама не заметила, как ее тело начало вторить движениям восхитительного гостя. Два окрыленных создания танцевали под звездами. Они были все ближе и ближе друг к другу, и вот уже струящиеся пальцы юноши коснулись белой руки девушки. Их лица совсем рядом, руки незнакомца прикасаются к талии незнакомки, ее ладони лежат на его плечах и танец несет их над землей. На небе давно зажглись звезды, и свет их трепетал на кончиках изумрудных скал под кристальной водой, и замок казался огромной разноцветной звездой, упавшей с неба. Юноша и девушка внезапно остановились.

-Кто ты, божественная? - спросил он, пристально глядя в ее блестящие глаза.

-Я - Царевна Мечта, - ответила девушка. -А ты кто, таинственный незнакомец?

-Я - Принц Вдохновение, - ответил он. -Я проплыл на корабле много разных царств в поисках той, чья жизнь заключена в танце. Наконец-то мы встретились. Как долго я тебя искал. Приходи завтра ночью на поляну, мы снова будем танцевать.

И потекли блаженные ночи. Царевна Мечта и Принц Вдохновение больше не существовали сами по себе, они взаимодополняли друг друга и вместе являлись единым существом, имя которому Любовь. Отныне ночное очарование и светлая грусть уступили место священной любви, пылающей как солнце. Вскоре влюбленным стало не хватать ночных встреч и они решили навсегда остаться вместе.

Маленькое Царство Грез превратилось в огромное королевство радости и торжества, когда молодые играли свадьбу. Все, от мала до велика поздравляли жениха и невесту, желая им многие лета.

Ровно через год после свадьбы у царевны и принца родилась дочь, которую назвали Радостью Нового Дня. Этот маленький осколочек весеннего солнышка вдохновлял их еще более, их танцы стали богаче и глубже. Они много путешествовали по свету, радуя людей свободным полетом над землей. Везде их приветствовали и награждали. Не было конца счастью и весне. Росла дочь, крепла вера в жизнь и, казалось, впереди еще так много открытий и чудес. Они никогда не расставались и не представляли, как можно друг без друга жить.

Однажды принц и царевна вернулись в Царство Грез после долгого путешествия. Они любили возвращаться домой. Желая по-особому встретить утро, они проснулись вместе с первой птицей, подошли к кроватке своей дочери, улыбающейся во сне, обнялись и пошли на луг исполнить Танец Рождения Нового Дня. Они танцевали босиком, наслаждаясь прохладной росой. Не выдержало солнце и от любопытства выглянуло из-за холмов, чтобы получше разглядеть, как танцуют его лучи, воплотившиеся в людей.

Вдруг царевна почувствовала, что руки принца лишились силы, и движения ее любимого стали угасать. Она перестала танцевать и бросилась к нему, но он остановил ее движением руки. Царевна молча наблюдала непонятную картину. Принц кружился все медленней и медленней. Затем он как-то странно склонился к земле, перестал двигаться и лег на траву лицом к небу.

-Любимый, - закричала царевна, и бросилась к нему.

Но в этот самый момент сердце принца разорвалось, и из него вылетели двадцать семь розовых фламинго и один черный с красным пятном на груди. А Принц Вдохновение исчез. Фламинго покружились над испуганной женщиной и полетели к озеру. Царевна бежала за ними и звала любимого. Облетев озеро три раза, фламинго опустились на воду, но тут же, откуда не возьмись, налетел ледяной ураган, поднял высокую волну и, потопив всех фламинго, заморозил озеро. Птицы с расправленными для взлета крыльями оказались вмерзшими в толстый, прозрачный лед. Это была жуткая картина: лед сковал прекрасных птиц, чьи неподвижные глаза взывали о помощи. Царевна притронулась рукой ко льду и сразу отпрянула, потому что она никогда не видела льда и не знала, что бывает такой жестокий твердый холод, который замораживает всякое движение и убивает радость жизни.

-Что делать? Как помочь птицам, - кричала она, рыдая. Но кругом не было ни души. Она взглянула на замок - гордость Царства Грез, но он потускнел и солнце не отражалось в его гранях. Это была обыкновенная серая крепость. Отчаяние захлестнуло несчастную душу царевны и солнце сделалось тусклым и холодным. Царевна сидела на берегу ледяного озера и безутешно плакала.

Налетел Злой Ветер, швырнул ей в лицо ком колючего снега и рассмеялся:

-Видишь, царевна, я разрушил Царство Грез одним дыханьем, я отнял у тебя имя твоё: больше ты не Царевна Мечта, а Царица Скорбь. Скорби до смерти. Я - злой сеятель, - продолжал ветер, - мне велено разбрасывать по свету семена печали, болезни и смерти. Из моих семян вырастает колючий терновник и мучает людей. Мучайся, Царица Скорбь, а я буду наслаждаться, ибо взрастил то, что хотел.

Ветер подлетел вплотную к царевне и хотел было накинуть на нее черное покрывало, но чьё-то теплое и нежное дыхание отнесло траурную накидку в сторону и та упала на лед у самого берега. И услышала царевна добрый голос:

-Не верь Злому Ветру, все что он говорит - неправда.

Царевна оглянулась по сторонам, голос слышит совсем близко, а никого не видит.

-Кто ты? - спросила царевна.

-Я голос твоего сердца, - услышала она, - тот самый голос, который позвал тебя в сказочный мир танца; я - голос, прошептавший тебе когда-то, что Принц Вдохновение - твой друг и спутник. Ты всегда верила мне, послушайся меня и теперь. Не плачь, не убивайся над любимым, не все так мрачно, как рисует Злой Ветер. Фламинго, вмерзшие в лед, - это душа твоего любимого. Двадцать восемь фламинго - годы, прожитые принцем. Двадцать семь розовых птиц, а двадцать восьмая, черная, - это последний год его жизни, отнявший у тебя мужа, а у твоей дочери отца. Не плачь. Только ты можешь спасти душу любимого, освободив ее из ледяного плена. Ты должна выйти на середину озера и исполнить танец всепобеждающей жизни. Я знаю, тебе будет очень холодно, и ноги будут примерзать ко льду, но пересиль боль и одержи победу над морозом, сковавшим движения принца, помоги своему любимому улететь на небо.

Печальная женщина с трудом поднялась с травы и пошла по льду. Ноги начало ломить от холода, хотелось от горя упасть на лед и замерзнуть вместе с любимым. На середине озера царевне сделалось страшно от головокружительной глубины. Под ее ногами в кристально чистом льду застыли фламинго, подо льдом плавали рыбы, озадаченные тем, что воздух вдруг сделался твердым, а дальше начиналась изумрудная бездна. Царевна пересилила страх и начала танцевать. В первые минуты это был не танец жизни, а танец глубокой печали над бездной неизвестности. Но женщина решила спасти душу возлюбленного. Ее движения становились все уверенней, тепло заструилось по телу. Царевна Мечта вырвалась из когтей скорби, и танец жизни закружил ее на льду. Сердце царевны превратилось в огонь, и лед под ногами начал таять. Ледяной покров становился все тоньше. Царевна почувствовала, что вот-вот лед под ногами треснет и побежала к берегу. Как только ее ноги коснулись зеленой травы, фламинго вырвались из воды и стали кружиться над царевной, прося ее о чем-то. Она недоумевала почему не видно черного фламинго в стае своих братьев. Посмотрела царевна на озеро и заметила, что далеко от берега плавает ледяная глыба, в которой заморожена черная птица.

-Последний траурный год, - сказало сердце, - освободить труднее всего, но без черного фламинго душа любимого не сможет улететь в небо.

Самозабвенная любовь помогла царевне преодолеть страх, она побежала по воде к ледяной глыбе. Вода покорилась закону любви и не могла потопить царевну, танцующую перед льдиной "Всепобеждающую Жизнь". Но лед не таял. Тогда женщина наклонилась над глыбой, обняла ее и стала обливать лед горячими слезами. Лед не выдержал сердечного жара и растаял. Царевна отогрела своим дыханьем черного фламинго, он пришел в себя, взмахнул крыльями и поднялся к братьям. Потом птицы подлетели к царевне, подхватили ее и перенесли на берег. Черный фламинго опустился к ее ногам и благодарно смотрел на свою любимую. Он притронулся клювом к красному пятну на своей груди и оно превратилось в медальон.

-Это живая память обо мне, - заговорила траурная птица голосом любимого, протягивая царевне медальон, - внутри находится зерно жизни, посади его в землю на лугу в том месте, где мы впервые встретились, поливай водой из озера; если сбережешь росток, от серой печали и черной скорби, то скоро вырастет дерево. Назови его моим именем, и научи нашу дочь в шуме листвы слышать мой голос.

Воспарила птица к братьям своим. Стая еще раз облетела озеро и стала отдаляться от Земли. Потом царевна увидела, как один за другим исчезли розовые фламинго, а черная птица превратилась в белоснежную душу любимого. Принц взмахнул крылатой рукой на прощанье и растаял в небе.

В комнате царило молчание. Огонь в камине затухал. Екатерина прижимали к груди таинственный медальон и плакала.

-Скоро утро, - словно опомнившись, заговорил Антоний, - вам нужно идти.

-Как, самой? - спросила она испуганным голосом.

-Да, так нужно. Но не бойтесь, вы не будете одиноки. Вас будет окружать моя любовь. Вы уходите в новую жизнь, унося воспоминания и медальон, подаренный вам черным фламинго, или мною, как угодно. Не забудьте унести с собой память о моей любви. Всякая любовь имеет свой особенный цвет. Знаете, какого цвета ваша любовь к Дашеньке? Желтого. Она как солнышко и цыпленок одновременно, мягкая, лучистая, нежная и горячая. А Сережа любит вас с дочерью ослепительно белой любовью. Правда, ведь вы сами теперь ощутили как много значит цвет любви? Всё, что содержит намек на физиологические отношения, окрашивается в красный цвет. Страстная любовь имеет темно-красные тона, а страсть, способная на насилие, столь темна, что трудно разглядеть, бордового она цвета или черного. Идите с Богом и помните, что я любил вас светло-сиреневой любовью, пусть вас оберегает этот нежный и добрый цвет.

-Вы говорите очень красиво, но я не запомнила дорогу, ведь мы ехали около двух часов.

-Вас сердце выведет, не беспокойтесь.

-А как же река, - переживала Катя, - это же река смерти, вы сами мне сказали, что Сережа перешел через неё.

-Это река смерти, когда идешь оттуда, - пояснил Антоний, -а когда уходишь отсюда, это река вечности, смело переходите ее и возвращайтесь к дочери.

Катя повиновалась. Поднявшись с кресла, она медленно пошла к дверям. Антоний вышел за нею на порог и крепко обнял её.

-Только не возвращайтесь назад, - сказал он, - все равно вы меня здесь не найдете...

(Парфенов прервал чтение и начал рыться в бумагах.

-Приготовил для вас один листок, сегодня утром положил его вот здесь, между этими страницами, но странно, он куда-то пропал. Куда же он делся, неужели выпал? Там было ваше обращение к Сергею. Ладно, извините, Катя, что отвлекся.)

-Она медленно удалялась от дома пока не скрылась в темноте, - продолжал Андрей чтение. -Кажется, Екатерина поверила в чудотворную силу зерна жизни. Идя по тропе, она все время целовала медальон и что-то шептала. Послышался шум реки и Катя замедлила шаг. Застегнув на шее цепочку и аккуратно опустив медальон под воротник свитера, она долго стояла у воды.

Ночь отступала перед рассветом нового дня. Темнота перестала быть пугающей. Катя сняла туфли, положила их в сумку и, закатав до колен брюки, медленно шагнула в воду. Осторожно нащупывая ногами дно, она дошла до середины и вдруг остановилась, словно вспомнив что-то очень важное. По ее лицу бежали слезы.

-Сережа, - шепотом произнесла она, - теперь мне ясно кто это был. Это не человек, а посланный Богом по твоему прошению Ангел. Сереженька, спасибо тебе, родной. Ты, уходя, открыл для меня дверь в мир потусторонний, в царство духа, где ты, мой бессмертный друг, нашел себе вечный приют.

Ее голос становился все громче и уверенней.

-Сережа, когда-то я могла тебя обнять, а сейчас ты необъятен. Ты для меня растворен в лучах восходящего солнца и в этой прозрачной воде, вечный ты мой фламинго, спасибо за твой медальон и за подаренную жажду жизни. Господи, я свободна! Свободна от печали и горя. Я могу радоваться солнцу как маленькая девочка. Могу смеяться так же, как с Сережей.

Она стояла запрокинув лицо к небу. Слова, произносимые ею, постепенно переходили в молитву благодарности.

-Боже, принимаю волю Твою. Раз Ты приготовил для меня этот путь, значит дашь мне силу пройти по нему. И Ты уже дал мне эту силу. Спасибо Тебе. Что для меня теперь мое горе, если Ты сделал меня способной уместить в своих объятьях и светлеющий лес, и гаснущие звезды, и просыпающихся птиц, и бессмертную душу моего мужа, и эту реку, уносящую мою молитву к океану.

Она подняла к небу руки, готовая взлететь... И в это время на экране рассвет заливает все пространство, постепенно исчезает всякое изображение, остается только свет, ослепительный свет.

Вдруг в верхнем правом углу возникает черная точка и несется навстречу зрителям. Вскоре можно угадать, что это Катя в черном костюме с красным пятном на груди мчится по льду. Ее движения полны силы и свободы, лицо сияет. На огромной скорости, едва не налетев на зрителей, она резко останавливается. Ледяная пыль из-под коньков летит в камеру, и, превратившись в крупные хлопья снега, заслоняет Катю. Камера медленно движется сквозь снег. Уже различимы очертания озера Лейк Плэсид с двумя фигурами на нем. Снегопад редеет, и по мере приближения к озеру, перестает совсем. Зрителю видно, как Катя катается со своей дочерью. Даша находится на большом расстоянии от матери. Вдруг над девочкой нависает легкая тень, но Дарья не замечает её. Издалека доноситься странный гул, изредка прерываемый глухими ударами. Девочка перестала кататься и, приложив к своей груди ладошку, слушает свое частое сердцебиение. Зрителям тоже слышно, как стучит ее сердечко. На лице ребенка появилось выражение озабоченности и испуга, и она стала звать маму: "Мамочка, обними меня, я хочу почувствовать, как бьется твое сердечко, скорей обними меня, я не хочу, чтобы твое сердечко остановилось, хочу, чтобы ты всегда была со мной, моя мамочка". Растерявшись от таких слов дочери, вдруг вспомнившей про сердце отца, Катя быстро разворачивается и направляется к Дарье. Дочь тоже спешит к ней навстречу. Обнявшись, они смеются, и их сияющие счастьем лица застывают на весь экран. Потом идут титры.

Андрей умолк. Екатерина сидела не шевелясь, видимо, все еще представляя себя на экране, или в Царстве Грез на берегу озера недалеко от дерева, выросшего из зерна жизни.
 -Вот такой фильм и такая книга, Катя, - выдохнул Парфенов. -Ни в книге, ни в фильме мы не будем изобретать шокирующих эффектов или гоняться за новизной. Не концентрируясь на внешних режиссерских и операторских приемах, мы попытаемся показать не смерть в жизни, а жизнь в смерти. Новое - это не обязательно то, чего еще никто не видел и не слышал. Это можно сравнить с любовью. Мы, и наши родители, и родители родителей открывали для себя планету любви. Но вот подрастут наши дети, к ним придет любовь, и они станут первооткрывателями их собственной планеты. Неважно, что до них тысячи людей делали подобное открытие. Вот мне и хочется, чтобы многие люди, а не только мы с вами, открыли для себя страну бессмертия... Если вы согласны работать со мной, вот вам моя рука. Давайте попытаемся сотворить чудо. Пойдемте со мной к отчаявшимся и уставшим от горя и слез, к одиноким и больным, ко всем несчастным и обездоленным. При всем благосостоянии Америки, поверьте, здесь много таких людей.

Должен же кто-нибудь принести надежду рассвета и радость бессмертия.
Глядя изумленными глазами на Андрея, Екатерина подала ему свою маленькую руку, и он крепко пожал её.

-Спасибо, Катюша, - произнес счастливый мечтатель, - вы не представляете, как много для меня значит ваша вера, наконец-то я получил ваше согласие. Хочу вам сказать, что в фильме Антоний не будет рассказывать всю сказку. Он произнесет первое предложение, а потом пойдет мультипликация "Фламинго".

-Да, да, - обрадовалась Катя, - я именно так себе это и представляю. В «Диснее» нас с Сережей хорошо знают, они много нас снимали. Я думаю, у нас не будет никаких проблем с мультипликацией сказки. Это очень здорово придумано: мультипликация в фильме.

-Герои сказки будут похожи на вас с Сергеем. А уж их движения мультипликаторы сделают такими, что будет казаться, что это вы с Сережей танцуете, - горячо объяснял Парфенов. -Если наш замысел удастся, то это будет гораздо лучше, чем церковная проповедь, нас должны услышать люди.

-Да, - воодушевилась Екатерина, - сейчас люди нуждаются в таком искусстве больше чем в проповедях. Мы обязательно сделаем этот фильм, как здорово, что он выйдет на экраны.

-Не спешите радоваться, - остудил ее порыв Андрей, - это каторжная работа. Вы не представляете, сколько может быть подводных камней.

-Не думаю, что у нас будут какие-то проблемы, - заверила Катя.

-Не думаете? - искренне удивился Андрей.

-Мечта, как жизнь может оборваться, когда не ждешь. Если бы мы работали над зрелищным фильмом, все было бы намного проще. А наш фильм будет основан на созерцании духовного мира человека. У нас не будут избивать, не будет выстрелов и взрывов. Нет, один взрыв все-таки будет: взрыв сердца Принца Вдохновения. Но, может быть, этот взрыв сорвет замки с сознания людей и они позволят свету проникнуть в их души. Тема смерти, безусловно, много раз поднималась в кино. Но глубокие фильмы редко становились популярными. В кинокартинах для широкой публики был хорошо представлен сам факт смерти, но духовного осмысления события не происходило. То, что пытаемся создать мы, благодаря вашей широкой известности, надеюсь, станет популярным и люди смогут увидеть лестницу, ведущую вверх. В современном кино зачастую превалирует грубая мужская сила; отсюда - дисбаланс, тяга в сторону насилия, пусть даже это насилие над насилием. В нашей кинокартине героиней и победительницей станет одухотворенная женственность.

Человек устроен весьма сложно: плотские глаза толпы требуют зрелища, духовные очи личности просят созерцания. Эту человеческую особенность давно заметили кинематографисты, отсюда - вечные погони, обстрелы, битвы, иначе говоря, все то, что собирает толпу и деньги. Но, поверьте, Катя, тысячи людей устали от нескончаемого потока зрелищ на экране, и ждут живого искусства, которое удовлетворит душу.

Сейчас мы вместе, и я чувствую , что вы разделяете мой пыл. Если мы поможем друг другу, то струя живой воды пробьется из сухой почвы, и люди придут пить. Катя, будет чудесно если мы осуществим нашу мечту.

-А что может нам помешать осуществить её, - говорила Катя, - нам все удастся. Больше всего я рада сказке, представляю, какая это будет прелесть, когда фильм незаметно перейдет в мультипликацию. Я уже вижу как это будет здорово. А в дальнейшем сказку можно будет поставить на льду. Не понимаю, почему вы сомневаетесь в успехе это замысла.

Эта встреча запомнилась Андрею как самый светлый момент в истории взаимоотношений с Екатериной. По дороге домой они непринужденно говорили о памятнике Сергею, о том, что он должен выражать и кто бы его мог сделать.

-У меня в Москве есть знакомый скульптор, - сказал Парфенов, - возможно, вы слышали это имя - Наташа Опиок. Удивительный человек, она училась в Суриковском, а сейчас заканчивает академию. Ее работы неоднократно выставлялись. Она одухотворяет металл и камень. Хотите, я вас познакомлю с ней по телефону, чтобы к вашему очередному приезду в Москву она подготовила несколько проектов.

-Да, это было бы великолепно, - обрадовалась Катя, - у меня пока нет скульптора. Может быть, ваша знакомая сможет выразить то, что мне хочется.

-А что бы вы хотели видеть на могиле Сергея? - спросил Андрей.

-Сейчас мне трудно выразить это словами, - пояснила Катя, - во мне есть только образ, еще неясные очертания памятника. Конечно, я не собираюсь делать бюст своего мужа, это все не то. Камень должен выразить легкость полета, пластичность и силу. Нужно, чтобы живой Сережа летел над могильной плитой, напоминающей треснувший лед. Не обязательно делать коньки, что вы, и без них должно быть ясно, что это полет духа. Коньки были нужны телу, а душа сама взлетит. Вот таким я представляю памятник.

-О, как хорошо вы его нарисовали, - обрадовался Андрей, - вам обязательно нужно встретиться с Наташей; она сделает для вас несколько эскизов, которые потом можно будет сравнить с предложениями других скульпторов.

Дома Елена Львовна пригласила Андрея к столу. Катина мама всегда вызывала у Парфенова самые добрые чувства. С ней было очень легко общаться, ее присутствие наполняло дом уютом и покоем. Она находилась в тени, о ней мало писали и говорили, но стоило немного побыть у Кати, как становилось понятно, что Елена Львовна является невидимой опорой, надежной хранительницей очага. Трудно представить жизнь Екатерины без этой милой женщины, посвятившей себя дочери и внучке. Катино горе было бы непосильным, если бы не мамина поддержка, понимание и забота.

-Елена Львовна, - обратился к ней Парфенов во время чаепития, - вас наверное, очень раздражает, когда я появляюсь в вашем доме; без меня хватает всяких корреспондентов, не дающих Кате и вам спокойно жить.

-Не беспокойтесь, - ответила она, - я умею отличить хорошего человека от воронья, и прекрасно понимаю, что вам необходимо видеться с Катей. Нужно работать пока есть вдохновение. А, кстати, не рассказывала ли вам Катя про чудо? С вашими цветами происходит что-то невероятное.

-С какими цветами? - удивился Андрей.

-С теми тремя розами, что вы мне подарили месяц назад, во время вашего первого визита, - пояснила Катина мама.

-И что же с ними происходит?

-А я вам сейчас покажу.

Елена Львовна принесла вазу с розами. То, что Парфенов увидел, поразило его. Бутоны роз засохли, но лепестки не осыпались и цвет не изменился. А черенки дали много ростков, зеленеющих новой жизнью и завязями бутончиков.

-Елена Львовна, - опомнившись, заговорил Парфенов, - удивительно, что вы до сих пор храните мои розы. Это прямо знамение какое-то, действительно похоже на чудо.

-Почему похоже, - сказала она, - это есть чудо. Я уже говорила Кате, что цветы, подаренные от сердца, долго не вянут. А здесь вообще происходит что-то особенное. Мало того, что бутоны не вяли в течение трех недель, а тут еще и новые побеги пошли.

Парфенов попросил разрешения заснять розы на видеокассету.

-Елена Львовна, если я напишу об этом в книге, - говорил Андрей, - люди подумают что я сочинил это, а ведь мне ничего подобного и в голову бы не пришло.

-Знаете, Андрей, - сказала Елена Львовна, - в Сережиной смерти очень много загадочного и необъяснимого. На днях мне вспомнилось, как много лет назад, когда я была еще девочкой, моя мама встретила православную женщину, которая, будучи слепой, обладала даром ясновидения.

Нет, она не предсказывала судьбу всем кто к ней обращался, но иногда, по особому побуждению духа, она предупреждала человека о событиях, ждущих его впереди. Так она поведала моей маме о том, что меня ждет в жизни большая известность и удача, но я познаю много горя и раннее вдовство. Но почему-то все предназначавшееся мне досталось Кате. Скажите, как это можно объяснить?

-Было бы лучше, если б вы мне сами объяснили это, - сказал Андрей, -буду очень вам благодарен, если найдете время рассказать мне о подобных случаях в вашей жизни.

Андрей уходил от Гордеевых поздно ночью. Катин отец, Александр Алексеевич, на прощанье пожал ему руку и пожелал удачи в осуществлении задуманного.

Вспоминая Катину реакцию, Парфенов чувствовал себя на седьмом небе. Но стоило ему расстаться с Екатериной, как к нему вновь вернулось ощущение недосказанности и неуверенности. Так, вероятно, чувствует себя человек, случайно обнаруживший после заключения важной сделки отсутствие подписи заказчика в главном документе.

Парфенов не представлял, что делать с этим чувством. Он не знал, чему больше верить: восторженным Катиным отзывам о его идеях, или той странной отчужденности, которая наступает всякий раз после их разлуки. Если Екатерина действительно заинтересована в появлении книги и дальнейшей ее экранизации, то почему ни в одной статье, ни в одном интервью до сих пор не упомянуто имя русского писателя работающего с ней. Иногда казалось, что Катя подвержена сильному влиянию кого-то. Порой же, напротив, Андрей думал, что постороннее воздействие здесь не при чем, а просто в силу своей артистической натуры, во время каждой встречи Екатерина, как на сцене, проживала состояние Парфенова, но потом... А что должно быть потом, когда занавес опущен и актер уже в реальной жизни. Андрею слишком сложно было это понять, поэтому его общение со знаменитостью напоминало погоню за уходящим поездом.

23 марта 1996г.

Милая Катя!
Вернувшись от Вас, я с радостью рассказал Тане о нашем "контракте". Ваши слезы, Ваши глаза и протянутая мне рука для меня важнее всех бумаг, которые можно было давно с Вами подписать. Зачем нужны бумаги, если речь идет о духовном произведении? Разве не важнее верить друг другу?

Мне трудно передать, как Вы меня окрылили своим окончательным согласием на наше совместное творчество. Во мне появилось много новых сил. В ближайшие дни мы снова встретимся, как Вы обещали, для интервью. Дело только за Вами, но я надеюсь, что в этот раз никаких сбоев не произойдет.

Правда, меня не покидает ощущение тревоги. Мне кажется, я не успел, не сумел как следует объяснить Вам важность задуманного.

Понимаю, Вам надоели бесконечные интервью, все эти вопросы, отбрасывающие Вас назад к бездыханному телу Вашего мужа и заставляющие Вас страдать. Но со мной будет все иначе, Вас не сможет затянуть трагическое прошлое, потому что Вы всегда будете видеть перед собой свет мира иного, в котором живет душа Вашего любимого.

Вам может показаться странным, что я все еще пытаюсь доказать необходимость «Реквиема». "Я же дала вам согласие, - скажете Вы, - чего вам еще нужно". Мне нужно, чтобы вы **себе** дали согласие, чтобы поняли, что в мире не все так надежно и прочно, особенно когда речь заходит о духовных вещах. Поэтому я осмелюсь еще раз обосновать свою мечту.

Если моя затея воспринимается вами всего лишь как попытка выразить Вам свое сострадание, то откажитесь, ради Бога, от этого восприятия теперь же. Я выразил свое отношение к Вашему горю в первом письме, а книга и фильм служат совершенно иным, более высоким целям. Прежде всего, необходимость создания нашего произведения я вижу в том, чтобы избавить Вас от трагической славы. Вас знают везде. О Вас сейчас говорят и пишут. Но не жизнь, а смерть возвела Вас на эту вершину. Это - страшная, роковая известность, лучше бы Вы никогда ее не испытали. Но раз уж Вы опалены ею, то осознайте свое предназначение в мире. Сейчас Вас воспринимают как часть трагедии: "Это - жена умершего от инфаркта Сергея Гринькова, теперь она катается без своей половины". Вам нужно сделать что-то свое, чтобы подняться над горем и войти в новую жизнь победителем. Фильм, в котором Вы сыграете главную роль, поможет Вам в этом. Тогда это будет не слава смерти, а слава жизни.

Все эти журналы и газеты, так много писавшие и пишущие про Вас, скоро будут переработаны на новую бумагу, на которой опубликуют информацию о новых трагедиях. Это - наша современная жизнь, здесь ничего нельзя изменить. Но в наших силах попытаться создать фильм, способный остановить человека и заставить его задуматься о вечном. Люди как никогда нуждаются в одухотворенном искусстве.

На «Празднике жизни» Вы обратились к зрителям с короткой проповедью о любви, и Вас благоговейно слушали тысячи людей. Сейчас Вам дается возможность обратиться к миру. Если бы нам удалось создать этот фильм, мы бы обогатили эту страну нашей славянской культурой.

Я хочу Вам сказать одну страшную вещь. На вашу беду люди откликнулись всем миром, вы получаете тысячи писем с соболезнованиями, сотни посылок и бандеролей, материальную и моральную помощь... Но в каком-нибудь захолустном городке штата Огайо или Оклахома, где-нибудь в рязанской или оренбургской области, 20 ноября 1995 года какая-то безвестная двадцатичетырехлетняя девочка, имеющая трехлетнюю дочь, потеряла своего двадцативосьмилетнего мужа. И эта девочка не получила и не получит ни одного письма, ни одной посылки, ни одного доллара. Протяните ей руку, прошу Вас. Сколько этих безвестных вдов! Кто обнимет их, если не вы, прошедшая по дну скорбного ущелья? Судьба распорядилась, чтобы Сережа стал ангелом там, прошу Вас, умоляю, станьте ангелом здесь. У Вас получится, я в этом не сомневаюсь. Вам нужно только захотеть обнять отчаявшихся. Пусть наш фильм поможет слабым стать сильными, печальным радостными. Сейчас Вы хорошо известны в мире, но если вы сотворите что-то во имя безвестных молодых вдов, во имя человека, то вы станете известной в небе. Не упустите этот шанс. Помните, в том мире, куда удалился Сергей, золотые медали и олимпийские победы в счет не идут. Там ценятся доброта и человечность, любовь и духовность, как раз те качества, которых так не хватает на Земле. Когда создается фильм о герое прошлого или о вымышленном герое - это одно, а когда Вы живая со своей невымышленной болью предстанете перед миром и скажете, что из любой трагедии есть выход, и этот выход - любовь Божья, то люди задумаются над смыслом жизни. Ваша судьба станет светлой легендой нашего века.

Зачем Бог вырвал Вас из привычной колеи? Он что-то хочет от Вас. Наша встреча с Вами не может быть случайностью. Такого пересечения судеб самому придумать невозможно. То, что мы с Вами оказались в одном пространстве и мои идеи отозвались в Вашем сердце - есть чудо.

Надеюсь на скорую встречу. Желаю Вам света в пути.

С уважением,

А. Парфенов

Теперь все упиралось в последнее главное интервью, от которого зависела судьба книги. Конечно, можно было провести это интервью во время последней встречи в галерее, но Андрей сознательно не торопился вонзать в Катину душу сотни вопросительных крючков. Он предпочел подарить Кате радость и надежду своей книги, вместо того, чтобы получить от Екатерины информацию для книги. Он больше думал о Катиной душе, чем о себе; именно поэтому он не торопился задавать ей тяжелых вопросов во время первых встреч. Но сейчас работа над книгой остановилась из-за отсутствия материала. Дни Парфенова протекали в вымаливании и ожидании аудиенций. Назначаемые встречи, как и прежде, переносились, а потом отменялись. И вдруг Парфенова озарило: всё, что могло состояться, уже состоялось, и ничего больше не будет! Он понял, что надо как можно скорее уйти в сторону, обрести равновесие и жить своей, а не чьей-то жизнью.

На сей раз он решил отправить Екатерине звуковое письмо.

<u>28 марта 1996г.</u>

Катя,

Я вас очень прошу прослушать эту кассету с улыбкой на лице. Потому что, когда мы улыбаемся, мы иначе слышим, а уж сегодня это особенно важно, чтобы вы расслышали и поняли всё, что у меня есть для вас.

Бог удостоил меня чести сделать свой выбор. Вам, наверное, хорошо знакомо состояние, когда у человека появляется право выбора и он испытывает радость оттого, что никто ему не помешает избрать то, что хочется. Так вот, у меня сейчас - тихая радость. Я сделал свой выбор.

Порой я перестаю чувствовать грань между книжной и жизненной реальностями. Мне трудно понять, где герой моей книги, а где я сам. Именно Ваш книжный образ заставил меня пересмотреть многие вещи. Обращаясь к Антонию, Екатерина говорит: "Иногда мне кажется, что это уже предел. Каждому хочется потрогать мою рану: "Разрешите выразить сострадание, позвольте прикоснуться к кровоточащей душе". А к ней не надо прикасаться ни руками, ни даже губами. Дайте, ради Бога, ей зажить. Ведь любое прикосновение вызывает боль".

И вот я, Катя, увидел себя в толпе людей, трогающих эту глубокую рану и не дающих ей зажить. Сестренка Катька, жаль, что я не могу перенести Вас в Царство Грез из моей сказки о 28 фламинго. Вы бы там бродили по берегу чудесного озера и любовались изумрудными скалами в его глубокой и чистой воде. Послушайте, это, конечно, здорово: книга, фильм, мультипликация сказки. Но ведь все это требует напряжения, а Вам и без того нелегко. Книга и фильм, которые я затеял, - это игра в четыре руки. Сам я не осилю этих произведений. Здесь необходимо Ваше живое участие, Ваша внутренняя заинтересованность, твердая вера в меня и в то, что я делаю. И вот мне подумалось: а что, если судьба испытывает меня и предлагает на выбор успех нашей книги в будущем, или ваш покой в настоящем.

Конечно, нелегко отказаться от идей, которыми живешь. Но если в моем лице Вы видите всего лишь очередного раздражителя Вашей раны, если работа со мной не вдохновляет, а удручает Вас, если Вам станет легче оттого, что "этот русский писатель" не будет задавать своих трудных вопросов и тормошить прошлое, то я спокойно отойду в сторону, пусть хоть на одного человека уменьшится полк Ваших преследователей. Вы что, думаете, я прямо-таки для всего мира пишу свою книгу? Я ее для Вас пишу! Прежде всего, мне хочется, чтобы моя работа окрылила Вас. А что касается меня, то и презентация книги, и премьера фильма уже давно состоялись в том самом хрустальном театре моего воображения, где Вы исполняли "Танец с Ангелом".

Мне вспомнились Аксель и Сара из трагедии Вилье Де-Лиль Адана. Когда они стояли у несметных сокровищ, могущих даровать им неограниченную власть над людьми и миром, Аксель сказал Саре: "Человек уносит с собою в смерть лишь то, от обладания чего он добровольно отказался при жизни. То, что составляет ценность этих сокровищ, заключено в нас самих. Ветхая земля! Я не построю замка мечты своей на твоей неблагодарной почве... Ты мыслила эти великолепия! Так довольно. Не гляди на них. Земля вздута, как блестящий мыльный пузырь, нищетою и ложью, и, дочь первичного ничто, она лопается при малейшем дыхании тех, Сара, кто приближается к ней. Удалимся же от нее совсем! Сразу! Священным порывом! Хочешь? Это не безумие: все боги, которым поклонялось человечество, свершили это до нас, уверенные в Небе, в небе собственного бытия! И я по их примеру нахожу, что нам больше нечего здесь делать".

Я отказываюсь от своих идей, я больше не хочу делать вам больно, мне ничего не нужно от вас. Все чем я жил со дня нашей первой встречи и доныне, все что представляло для меня огромную ценность; все это я хочу унести с собой в смерть, и поэтому отказываюсь от обладания этим при жизни.

Возможно, у вас или у кого-то из ваших родных возникали подозрения, что мне всего лишь хотелось заработать на вашей популярности. Сокровище Катька, за все время нашего знакомства мне ни разу не пришло в голову задуматься о деньгах как о самоцели...

Было около полуночи, когда он заканчивал записывать эту кассету.

-Всё, - шептал он себе, - наконец-то я нашел выход из этого лабиринта. Правильно говорят, что лучше уйти на полчаса раньше, чем на пять минут позже. Пора поставить точку на всей этой истории и начать новую жизнь, иначе у меня у самого сердце разорвется.

Но вдруг позвонила она. В ее голосе не чувствовалось ни капли раздражения, она очень обрадовалась, что Андрей был дома.

-Ну, вроде бы у нас все получается, - сказала она. -Я буду ждать вас в субботу тридцатого марта в четыре часа.

-Спасибо, Катюша, я буду ровно в четыре, - сказал Андрей. -Все время забываю спросить, есть ли у вас свой секретарь, который заведует письмами? Я видел, как много корреспонденции к вам приходит, и, пожалуй, невозможно самой ответить на все письма.

-В том-то и дело, что у меня нет никакого секретаря. И я не представляю, когда и как смогу ответить людям, а ответить хотелось бы каждому.

-Если хотите, я мог бы помочь вам в этом деле. На компьютере это сделать очень легко, всё, что мне от вас нужно - это адреса тех, кому бы вы хотели написать.

-Спасибо, Андрей, мне очень приятно, что вы хотите мне помочь, - сказала Екатерина, - при встрече поговорим об этом подробней.

Андрей заново прослушал кассету.
-Господи, ну почему все запутывается в такой клубок, - размышлял он. -Зачем ей понадобилось звонить? Разве я посмею после этого звонка отдать ей эту запись, ведь она сама очень ждет нашей встречи. Я должен изменить свое решение, буду считать, что на сей раз интуиция подвела, значит, мне еще не время уходить. Похоже, Бог дает мне возможность закончить это дело.

В течение следующего дня Парфенов работал над вопросами к интервью. Сначала он хотел записать встречу с Катей на магнитофон, но после пришел к выводу, что ему необходимо видеть Катино лицо, что мало прочитать или услышать ее ответ, нужно периодически внимательно всматриваться в ее глаза и погружаться в состояние, отраженное видеокассетой. Ведь перед ним не было задачи описать происшедшее - он собирался пережить трагедию, чтобы читатели ощущали, что это писал не наблюдатель, а участник.

Особое внимание Андрей хотел уделить вопросу предвестия. Он был уверен, что ему удастся найти отпечатки пальцев смерти на последнем месяце жизни Сергея. Очень важно было узнать об ощущениях Екатерины после смерти мужа, о всех ее духовных переживаниях и сновидениях.

Он приехал к ней ровно в четыре. Но Кати с матерью и Дашей не было дома. Александр Алексеевич предложил Парфенову войти в дом и подождать их.

Катя подъехала только около пяти. Она была отрешенная и уставшая. Поздоровавшись, Андрей сказал:

-Вам, наверное, надо немножко отдохнуть и покушать.

-Да, знаете, - проговорила Екатерина, - я должна вам что-то объяснить, давайте выйдем на улицу.

-Понимаете, - начала она тихим дрожащим голосом, - я, наверное, просто не рассчитала своих сил. Вы меня, конечно, извините, но я не могу больше это вспоминать. У меня больше нет сил. Мне очень неудобно перед вами, но я не смогу поехать сегодня. Не знаю как вам это объяснить, но я не хочу тормошить рану.

-Не переживайте за меня, -сказал Андрей. -Позавчера мне самому хотелось предложить вам покой, мне сердце подсказало, что все именно так и выйдет, но ваш звонок сбил меня с толку. Я записал вам кассету об отказе от своей идеи, но после того как вы позвонили, раздумал отсылать. Понимаете...

-Ну что вы говорите, - перебила Катя, - я верю, что у нас получится, у меня есть надежные люди, которые нам помогут и с книгой, и с фильмом. Мне очень дорого всё, что вы делаете для меня. Я обязательно вам позвоню перед отъездом в Канаду, и мы непременно встретимся для интервью перед моими гастролями.

Она говорила это, с трудом сдерживая слезы. В Андрее шевельнулось желание обнять ее и сказать: "Бедная вы моя Катька, как вы устали от всего, как тяжело быть знаменитой". Но он тут же отказался от этой мысли.

-Ладно, - проговорил он, - правда, жалко, что я не смогу вам показать свой храм под куполом небес. Мне сегодня хотелось там зажечь свечу в честь "Реквиема". Я много мечтал об этом последние два дня. Мне бы хотелось, чтобы в ваших руках была свеча, а я бы держал ваши маленькие руки. Потом мы пообещали бы Сергею, что дослужим наше богослужение по нему. Но не все получается так, как хочешь. Отдыхайте, вам нужно отдохнуть от всех. Обещаю больше вас не тревожить. Вы очень устали.

Андрей зашел в дом попрощаться с родителями и дочкой Кати. Но Елена Львовна с Дашей были наверху, а Александр Алексеевич выглядел отсутствующим, он не отрывал глаз от дочери, его лицо с нахмуренными бровями и строгим взглядом выражало крайнюю озабоченность происходящим. Андрей начал было говорить о том, как он завидует Александру Алексеевичу, что тот через несколько дней будет в России, но, почувствовав никчемность этих слов и свою ненужность, быстро замолчал.

Он как-то странно озирался по сторонам, словно недоумевая, что, собственно, он здесь делает и каким образом сюда попал. Взгляд его остановился на камине, слева от которого висела деревянная цепь его отца; над камином с большего портрета, заведенного в светлую раму, ему улыбался Сергей; а рядом с камином стояла маленькая, надломленная, трогательно, может быть, даже трагически-красивая женщина. Вся история начиналась для Парфенова с этого камина, где когда-то горел яркий и нежный огонь. "Дом без огня - трагедия, - вспомнились ему слова из предисловия к "Реквиему". Кому-то было нужно, чтобы все оборвалось у этого самого камина. Парфенов увидел себя со стороны, и вдруг почувствовал всю неловкость своего положения. Александр Алексеевич смотрел на Екатерину, Екатерина на Андрея, а Андрей на портрет Гринькова над камином. Секунды тянулись слишком долго. Парфенов встрепенулся и заторопился.

-До свидания, Александр Алексеевич, - заговорил он, - кланяйтесь России. До свиданья, Катя. Елена Львовна, - позвал он, но ответа не последовало.

В машине между водительским и пассажирским креслом висел микрофон, приготовленный для интервью с Катей. Черный провод был похож на змейку с металлической головой, которая раскачивалась из стороны в сторону, раздражая Парфенова. В сердцах он хотел сорвать микрофон и выбросить в окно. Но вместо этого нервным движением пальцев нажал кнопку записи и обратился к Екатерине, будто она сидела рядом.

-Скажите, чем я заслужил этого? Зачем вам понадобилось в очередной раз убедить меня поверить вам, а после посмеяться над моей верой?

Далее трудно было разобрать, где Парфенов разговаривал с собой, а где с воображаемым собеседником.

-Почему, почему я не отправил ей звуковое письмо с отказом от своей затеи? Мне так хотелось уйти вовремя, но я опоздал, поверил вам и явился для того, чтобы меня таким вот образом выставили. Тоже мне, мечтатель, построил воздушные замки и собирался в них жить. А они рухнули от первого же ветерка. Замки-то воздушные, а камни в них настоящие, расшибли душу - хоть кричи от боли.

Андрей не совсем ясно представлял, что он теперь должен делать. Магнитофон давно уже записывал его молчание и мерный гул машины. Торопиться было некуда, и Парфенов медленно ехал в сторону своего храма. Через сорок минут он был на месте. Выключил двигатель, открыл дверь и хотел было выйти из машины, но, поставив ноги на землю, вдруг застыл без движения и стал вслушиваться в шум водопада, доносящийся со стороны леса. Так он просидел до темна. Потом он взял свечу и направился к лесу.

Воздух вокруг был неподвижен, только бегущая по скалам вода создавала иллюзию ветра, завывающего в лесу. Есть жизнь людей, жизнь птиц, животных и деревьев, и есть жизнь водопадов. Морские чайки очень похожи друг на друга, есть сходство между полевыми мышами, но ни один водопад не имеет себе подобного. Скорость воды и ее масса, угол и высота падения, ширина разлива, форма и цвет камней, преграждающих движение воды, углубления в скалах, где обезумевшая от скорости вода превращается в пену и брызги, окружающие деревья и многое другое создают уникальную неповторимость каждого отдельного водопада. Водопад Коттон Холлоу, куда пришел Парфенов зажечь свечу, не падал, а низвергался по широкому, бугристому телу скалы. Берега реки перед водопадом сужались, и здесь, на скале, вода срывалась вниз, растекаясь во всю ширь. Бушующая стихия в центре скалы никак не мешала тихим ручьям на правой стороне и тишайшим струям на левой. Это было единение малого и великого, громкого и тихого, страстного и спокойного. В ночи белые языки, облизывающие скалы, с неописуемой игрой их движений, всплесков и угасаний, выглядели странными существами, которым очень хотелось кого-то заворожить. Любой водопад можно рассматривать днем, но лишь ночью вода открывает свою душу. В ночной час можно расслышать течение маленькой струйки и удивиться, что шум большой воды не заглушает эту флейту-пиккало в большом оркестре.

Если бы кому-то пришло в голову прислушаться к водопаду в эту ночь, то сквозь многоголосый шум воды можно было бы расслышать глухие рыдания человека:

-Сережа, ты позвал - я откликнулся, ты зажег - я разгорелся. - Я не могу один сделать то, что мы должны были сделать с ней; прости, я не мог убедить её, что твоя душа пожелала воплотиться в «Реквиеме». Я не могу зажечь свечу в ее руках, потому что ее рук нет рядом со мной. Но огонь будет гореть, я сам дослужу реквием, я один окончу службу по тебе. Катя надломлена. Ее надломили. Я не посмею больше мучить ее душу вопросами о тебе. Да и не нужна мне больше никакая информация. Я думал, эту книгу придется писать мне, но теперь я понял, что все происходящее со мной и есть книга, уже написанная за меня жизнью, мне осталось только переложить ее на бумагу.

Парфенов зажег свечу и поставил ее в сухой нише скалы слева от водопада. Подойдя к воде, он склонился над ней на коленях и долго умывал лицо, словно ему хотелось вымыть из головы всё, чем он жил и бредил до сих пор. Свет из ниши наполнил пространство соборной таинственностью, казалось, все стихло и стало прислушиваться к шепоту свечи. Стоя на коленях, Парфенов долго внимал молитве яркого огонька. Вода и Огонь, священнослужители этого храма, свершали религиозные действа, полные глубокого смысла. Писатель был посредником между водной и огненной стихией. Огонь олицетворял Сергея, ушедшего в мир иной, Вода - Екатерину, живущую в мире этом. Невозможно объединить обе стихии: либо огонь выпарит воду и превратит ее в белое облако, либо вода зальет огонь, и он погаснет. Но они очень легко объединялись в душе познавшего, что богочеловек, ходивший по земле две тысячи лет назад, крестившись в воде, сказал: "Огонь пришел низвесть я на Землю...".

Поднявшись с колен, Андрей встряхнул головой и громко выдохнул. "Всё. Точка! - сказал он. -Отныне пишется новая книга. Теперь я свободен, в одиночку так в одиночку. Значит, это мой путь, не стоит выдумывать себе человека, который захочет нести со мной эту ношу. Смерть любимого подняла душу над пыльными городами Земли, но Катя торопится назад в привычный мир, в знакомую колею. Лететь труднее, чем идти. Что ж, это ее право. Я был для нее только прохожим. Мне пора. Я не могу сотворить чуда для того, кто не верит в чудеса. Господи, если Тебя не расслышали, Твоих знаков не увидели, то что способен сделать я? Если Ты даже научишь меня, как превратить камень в живую розу, это не поможет".

Парфенов перекрестился, задул свечу и ушел.

Катин отказ от интервью рассматривался Андреем как ее нежелание работать с ним. Разве можно было сомневаться в том, что она сознательно отказалась от сотрудничества с Парфеновым?

Писатель убедил себя, что он не способен обидеться на человека, нуждающегося в понимании и сострадании. Постепенно в душе Парфенова все стало на свои места. Осталось только попрощаться с Катей, извиниться перед ней за причиненное беспокойство и пожелать счастливого пути. Шестого апреля он позвонил ей:

-Добрый вечер, Катюша. -Благополучно ли вы проводили папу до Нью-Йорка?

-Да, все было хорошо, - отвечала Катя, - мы всей семьей ездили провожать его. Он уже в Москве.

-А как ваши гастроли? Вы, кажется, должны скоро вылететь в Канаду?

-Да, я полечу туда с мамой и Дарьей через два дня, как и планировалось.

-Катя, хочу вас уведомить, - волнуясь, начал Андрей свое объяснение, - что тридцатого марта, в субботу, в тот самый вечер, когда у нас не получилось интервью, я сам зажег огонь в честь моего «Реквиема». Я решил...

-Почему, ну почему вы сделали это без меня, Андрей? - перебила Катя с досадой в голосе. -Разве вы не могли дождаться моего возвращения с гастролей, чтобы мы вместе могли зажечь огонь и продолжить работу над книгой? Я позвоню вам с Канады и мы обо всем поговорим с вами подробней...

В который раз Парфенов почувствовал себя в нелепом положении. Все приготовленные объяснения и извинения мгновенно сделались ненужными. Восемь дней назад он точно так же собирался передать Кате кассету с отказом от книги, но достаточно было одного ее звонка, чтобы Парфенов тут же изменил свое решение. Похоже, и сейчас все должно было развиваться по знакомому сценарию: следовало опомниться, отказаться от болезненной мнительности и заново пересмотреть свои выводы.

-Выходит, ей и в голову не приходило отказываться от «Реквиема»? - спрашивал себя писатель. -Она негодует на меня за то, что я без нее ездил на водопад зажечь свечу. Она надеялась сделать это вместе со мной? Странно, весьма странно; я отказываюсь все это понимать. Получается, что она уезжает в Канаду с надеждой, что по возвращении мы продолжим работу над книгой. Вот только у меня больше нет надежд. Я больше не верю.

В течение трех недель он ждал обещанного звонка, которого, конечно же, не последовало.

1 мая 1996г.

Екатерина Александровна,
Дай Бог Вам счастья.
Я не испытываю особого расположения писать Вам, однако нахожу нужным соблюсти некоторые условности и уведомить Вас о том, что происходит. Было бы нечестным с моей стороны, начав рассказ о своей книге, не известить Вас о дальнейшей ее судьбе. Нечестным по отношению к книге, а не к Вам. В своем отношении к Вам, к огромной моей радости, я не могу обнаружить никаких темных пятен. Все эти месяцы я только

молился за Вас и жил Вами.

Мне трудно, очень трудно объяснить себе причину Вашего отказа от книги и фильма, предложенных мною. Но, вероятно, у Вас были основания пренебречь моими идеями и погасить огонь, зажженный в честь ушедшего в миры иные. Что ж, это Ваше право.

Конечно, мне было бы намного легче, если бы Вы как-то иначе обставили свой отказ, по-человечески. Языком Вы соглашались с моими идеями, относя их к разряду высоких ценностей, действиями же напрочь отвергли их.

Простите, что я ворвался в Вашу жизнь со своими замыслами и планами, до которых Вам нет никакого дела. Не знаю, зачем понадобилось Богу бросить меня в пучину Вашей боли и заставить пережить Ваше как свое собственное. Не сердитесь, пожалуйста, на меня за то, что мне почудилось, будто наша встреча предначертана свыше.

Я не вправе осуждать Вас за полное Ваше безразличие к мечте, которой я жил. Я должен только понимать и сострадать. В одном телеинтервью Вы сказали, что до Сережиной смерти для Вас не существовало ничего, кроме Вашего счастья; похоже, после его смерти для Вас не существует ничего, кроме Вашего горя. Да поможет Вам Бог, да залечит время Вашу рану. Все у Вас образуется, я не сомневаюсь.

Мне до последнего казалось, что у нас все состоится, что мы сможем создать светлую легенду о любви и подарить ее миру. Но какая-то сила с первого момента хотела помешать нам, и ей, наконец, удалось сделать это. Конечно, чтобы успокоить себя, можно думать, что на все воля Божья и не следует сильно огорчаться. Но ведь я все время думал, что Бог свел наши пути для какой-то особой цели, чтобы совершить в этом мире нечто чудесное, как же я посмею теперь допустить, что крах этой мечты - Его воля?

Я много раз мысленно возвращался к последней нашей встрече. Жалко, что у меня не хватило смелости обнять Вас напоследок. Вы были такая маленькая и беззащитная. О, если бы только было возможно переключить на себя всю Вашу боль и горе, чтобы Вы сделались счастливой и веселой... Но каждый проходит через свои муки сам.

После того, как я зажег свечу «Реквиема» в храме под куполом небес (надеюсь, Вы помните этот день), я понял, что мне не удастся одному создать фильм, и уничтожил сценарий. От книги я тоже сначала отказался, однако с ней другая история. Решившись изорвать наброски и черновики, я вдруг остановился и понял, что жизнь сама написала для меня книгу. В какой-то момент я ясно увидел, что короткая история наших отношений и есть моя живая книга. Я попробовал изменить имена и даты, но все равно события и герои были узнаваемы. Поэтому я, вероятно, оставлю все как есть.

Теперь Вы можете быть совершенно спокойны, (впрочем, Вы всегда были спокойны на сей счет, если не считать случаев, когда я Вас беспокоил), мне не понадобятся более ни интервью с Вами, ни какие-то формальные разрешения от Вас. Понятия не имею, стану ли я переводить повесть на английский, где и когда буду печатать на русском. Сейчас у меня накопилось слишком много житейских проблем, и я вряд ли смогу отдаваться книге целиком. В любом случае, если я опубликую что-то, Вас уведомят, и Вы сможете приобрести мое скромное творение в книжном магазине.

Не думайте, что этим письмом я снова собираюсь убеждать Вас в необходимости нашего совместного творчества. Что Вы, это уже в прошлом. Ни о фильме, ни о мультипликации сказки я уже не мечтаю, так ли это важно для меня, если это неважно для Вас. Чтобы браться за такие дела, нужно очень верить в человека, с которым ты собираешься работать, а я уже давно не верю. Конечно, можно снова ждать когда вы позвоните и назначите встречу. Потом Вы все отмените или перенесете, попросив понять Вас. Это уже было. Мне скучно ходить по кругу.

Жаль, Катя, что я не ангел, а то бы я смог объяснить Вам значимость воплощения памяти об умершем в духовном творчестве. А, впрочем, будь я и с крыльями за спиной, Вы бы непременно потребовали у меня бумажку, удостоверяющую мою принадлежность к газете или телеканалу; только в таком случае Вы согласились бы работать со мной. У Вас нашлось время для газетчиков и репортеров, только для себя у Вас ничего не осталось. Вы дали истерзать себя суетному, сиюминутному, а на вечное у Вас не хватило ни времени, ни сил. Что ж, это Ваш выбор. Мне больше не нужно Вас просить ни о чем.

Мне не составляло никакого труда оформить официальные бумаги и вместе с адвокатом приехать к Вам с предложением подписать протокол о намерениях или контракт. В Америке это делается очень легко. Но, Боже, как я боялся вспугнуть чудо. Вас и без того окружало слишком много официальных лиц; сделаться одним из них не было никакой охоты. У них были офисы, издательства, телевидение, а у меня - Ваша вера, убедившая Вас ехать за мной впотьмах в неизвестность. У них - журналисты, телерепортеры, агенты, а у меня - ростки новой жизни на засохших стеблях роз. У них - железная, не дающая сбоя информационная машина, а у меня - маленькая девочка Катька, сидящая на полу у моих ног и шепчущая, что я выражаю как раз то, что живет в ней. У них - неограниченные возможности, а у меня - скромная галерея на берегу реки, где завязался узелок наших загадочных отношений: лампада, свечи, ночная тишина, стихи, Ваша рука, протянутая мне в знак согласия работать вместе над нашим совместным произведением... Они являются представителями мира, из которого ушел Сергей; я - представитель мира, встретившего бессмертную душу. Разве можно Вас обвинять за то, что Вы приняли их и отвергли меня? Всякий человек волен выбирать то, что ему роднее и понятней.

Да, чуть не забыл: в храме под куполом небес я видел памятник на могилу Сергея; но это из области вечного, а Вы, радость моя, слишком заняты временным, вряд ли у Вас найдется желание увидеть его.

Будьте радостны и счастливы. Желаю Вам успехов и здоровья.

Целуйте Дарью и кланяйтесь до земли Вашей маме - ангелу-хранителю Вашего ребенка и Вашей семьи.

Искренне Ваш,

А. Парфенов

Андрей понимал, что ничего больше не будет. Все выглядело очень загадочно, но ему вовсе не хотелось думать, что Катя нарочно посмеялась над ним. Он был уверен, что Гордеева сама запуталась, и не только ему, но даже самой себе не в силах объяснить что, собственно, происходит.

Сверкающее будущее, вымечтанное Андреем, на его глазах превратилось в поблекшее прошлое, так и не успев побыть настоящим. Словно неопытный мастер, потерпевший неудачу во время огранки бесценного алмаза, он с болью наблюдал, как от неосторожного удара драгоценный камень рассыпался в пыль.

И все же он добросовестно отслужил реквием по Гринькову. Другое дело, что не удалось это сделать в соборе, при народе. Но за это совесть не упрекала его. Свою службу он дослужил до конца.

По воскресеньям он зажигал свечи и молился об упокоении души человека, которого никогда не знал в лицо при жизни, но который глубоко вошел в его душу после смерти.

Этот непонятный отрезок пути воспринимался Андреем отдельно прожитой жизнью. Он ничего не смог осуществить ни для себя, ни для Кати, но, может быть, что-то осуществилось для души усопшего. Странно, все очень странно. Парфенов ничего не хотел объяснять себе, гораздо легче было принять все как есть.

Пройдет время, он посетит могилу Сергея и молча положит на плиту свой «Реквием». "Прости, друг, -обратится он к умершему, - не все зависит от нас. Я рад, если мои мечты окрылили твою душу. Мне так хотелось, чтобы ты предстал перед людьми в белоснежных одеждах, словно посланник иного мира, и сказал что-нибудь такое важное, невероятное, от чего людские сердца сделались бы мягче и добрее, чтобы люди задумались над тем, что они живут не в каком-нибудь крошечном отрезке времени, условно именуемом жизнью, а в вечности. Я так верил в то, что ты сойдешь с экрана в сознание людей. Кто знает, может быть твоя чистая душа вдохновляла меня мечтать об этом". Потом к могиле придет кто-нибудь ещё, может быть мать Сергея, или сама Екатерина, и, открыв, книгу прочитает короткий эпиграф на первой странице: *«Ты не заметил, как оборвался твой полет надо льдом, и начался полет над звездами».*

Иногда Парфенову очень хотелось приехать к Кате и сказать ей что-нибудь особенное, что поддержит ее веру и укрепит дух. Но преодолеть возведенную между ними стену у него не было сил.

Бывали минуты, когда Андрей не сомневался, что его фламинго все таки обретут крылья и полетят к людям, что удастся сделать мультипликацию этой чистой сказки-были. Только теперь он не был пленником своей мечты.

Он часто ездил ночью на водопад Коттон Холлоу и много размышлял там о Кате. Андрей понимал, что даже если весь мир превратится в сплошное сострадание, она все равно одна проходит через свою утрату, также как и мать Сергея проходит одна. Самое тяжелое для Кати - это остановиться, ей как воздух необходимо движение. Поэтому пусть гастроли несут ее по свету. Возможно, она вернется к тому, что с таким жаром приняла ее душа. Ведь это она растопила лед и отпустила розовых птиц на волю.

Возможно в будущем она вспомнит это

время и, кто знает, может быть, благословит дни, когда душа ее любимого пульсировала в сердце этого странного прохожего. Когда-нибудь, вернувшись домой после очередных гастролей, она подойдет к алтарю любви, зажжет лампаду, и тусклый свет озарит прошлое.

Прошло два месяца со дня их последней встречи в доме Екатерины. Желая узнать, прочитала ли она его последнее письмо, Парфенов позвонил ей, и получил утвердительный ответ.

Двадцать седьмого мая Андрей встретился с узким кругом американских друзей, знавших о его работе над книгой и ждущих ее публикации. Когда он обрисовал реальную картину происходящего, все пришли в недоумение.

-Теперь я охотно верю, - сказал художник Дэйв, у которого училась дочь Парфенова, - что Достоевский не выдумывал характеры своих героев, а находил их в повседневной российской жизни. Прости, Андрей, но вы слишком сложно живете. Там, где другие люди могут договориться, прийти к согласию или пойти на компромисс, русские запутывают такие непостижимые узлы, что приходиться только удивляться. А потом вы посвящаете оставшуюся жизнь разрешению этих проблем. По-моему, ваш характер не в силах изменить даже Америка.

-Да, кто бы мог подумать, что все так обернется, - принял участие в разговоре бизнесмен Кевин. -Я слишком плохо разбираюсь в потемках русской души, поэтому не представляю чем объяснить подобное к тебе отношение со стороны Гордеевой. Возможно, здесь виноваты деньги?

—Причем здесь деньги? - негодующе спросил Парфенов.

—Не сердись, Андрей, мне кажется, ты совсем не знаешь Америку, - продолжал Кевин. —Материальное положение сильно меняет людей. Например, если Катя разбогатела, то ей не до тебя.

—Не обращай внимание на деловых людей, - рассмеялся Дэйв, - они слишком практичны, чтобы рассуждать о подобных ситуациях. Но сам-то ты, Андрей, надеюсь, имеешь какие-то предположения о том, что произошло.

—В том-то и дело, что только предполагаю, - сказал Парфенов, - но мне хочется знать ваше мнение.

—Исходя из того, что я услышал сейчас и того, что ты рассказывал мне неделю назад, зачитывая отрывки своей книги и бегло их переводя, я думаю, что ты слишком высоко поднял планку, - подключился к разговору владелец галереи Вейн Хоук. —По-моему, ты напрасно стараешься повенчать духовность и профессиональный спорт, лично я нахожу очень мало родственного между этими сферами. Мне кажется, Кате просто не под силу воплотить твой замысел на экране, вот она и решила молча уйти в сторону, чтобы не надорваться.

—В целом, возможно, это и так, господин Хоук, - ответил Парфенов, - но в случае Кати с Сергеем дело обстоит иначе. Вы сами когда-то мне говорили, что их танцы на льду более напоминают искусство нежели спорт. Стало быть, идея венчания принадлежит не мне; репетируя «Реквием» - чисто церковное произведение - они сами пытались объединить на льду религиозность и фигурное катание. Ни тренеру, ни фигуристам не придет в голову браться за столь серьезные творения, если они не будут иметь в себе духовного фундамента для интерпретации такой музыки в танце. На мой взгляд, Кате с Сергеем удавалось сочетать в себе физическую и духовную красоту. Зря вы думаете, что я пытался взвалить на Катины плечи непосильный крест. Екатерина сама с радостью принимала мои идеи, никто не сможет убедить меня, что она делала это неискренне. Я близко с ней общался и могу сказать, что она очень одухотворенный и сильный человек. Просто она еще не смогла в себе разобраться. Слишком много всего нахлынуло на нее в одночасье. Судьба предоставила ей право выбирать, и Кате приходиться продираться сквозь противоречия, чтобы выбрать то, что ей кажется главным.

-Но ведь и ты противоречишь себе, - подметил Вейн. -В книге ты пишешь, что больше не мечтаешь о фильме, а нам говоришь: "Эх, если бы удалось сделать мультипликацию «Фламинго»". Значит, всё-таки надеешься и мечтаешь. Или взять хотя бы твое звуковое письмо, не отосланное Екатерине, где ты приводишь слова Акселя и повторяешь за ним: "Я тоже отказываюсь от этой книги при жизни, чтобы осуществить ее после смерти". Но в реальной жизни ты не отказываешься от неё.

-Это уже совершенно другая книга, - возразил Андрей, - ту, в набросках и черновиках, я уничтожил. А идея этой книги пришла ко мне именно тогда, когда я отказался от первоначальных замыслов.

-Однако без этих первоначальных замыслов твоя новая книга не имела бы никакого значения, - не унимался Вейн. -Ты же рассказываешь читателю об уничтоженной книге, пытаясь воскресить её, значит, не уничтожил.

-К этому можно отнестись двояко, - невозмутимо пояснил Андрей. -С одной стороны, ничего не стоит обвинить меня в том, что я сам запутался в противоречиях и запутываю других. Но если на события, описываемые в книге, посмотреть с другой стороны, то читатель заметит, что многие противоречивые моменты произрастали не из меня, а из жизни. Неужели теперь я должен заниматься искусственной подгонкой и шлифовкой действительности? Я не запутывал этого клубка, но впутан в него так же, как Екатерина и Сергей. Если поставить перед собой цель сгладить все противоречия жизни, то вместо горного ландшафта с вершинами и ущельями, где можно споткнуться о любой камень и сильно разбиться, следует укатать ровную асфальтовую площадку и наслаждаться непротиворечивостью местности, где никакой опасности не подстерегает. Но ведь это ужасно скучно. Я не хочу срезать горы и засыпать ущелья в своей книге. Пусть все останется, как было в жизни. Книга разделила судьбу своего героя: оборвалась на самом интересном месте. Но, к счастью, у неё, как и у Сергея, есть загробная жизнь. Она уничтожена мною, но продолжает жить.

-В любом случае, тебе следует написать еще одно письмо Кате, - предложил Вейн, - и попросить ее дать объяснение сложившейся ситуации. Возможно, она захочет изложить свою точку зрения на происходящее и все сразу станет на свои места. Не приступай ни к каким конкретным шагам до тех пор пока не получишь от нее ответа.

For Ekaterina Gordeeva

May 27, 1996

Уважаемая Катя,

Совершенно не хочется Вас беспокоить, но реальность жизни заставляет меня делать это. Сегодня у меня состоялась встреча с некоторыми американцами, знающими о наших с Вами отношениях и с нетерпением ждущими появления книги «Реквием». Для них было полнейшей неожиданностью, когда я объявил, что книга на русском уже закончена, и я готов приступить к переводу. Еще больше их озадачило реальное положение вещей в плане наших взаимоотношений. Я объяснил, что первый вариант книги, начатый с Вами, практически был уничтожен, и то, чем является книга сейчас, по существу - прямое отражение событий связанных с попыткой создать книгу, в которой бы раскрывался внутренний мир человека, проходящего через потерю друга, партнера и мужа.

Мне трудно объяснить Ваше непостоянство по отношению ко мне и к «Реквиему», однако прежде чем приступить к переговорам по поводу перевода и публикации моей книги, нахожу целесообразным убедительно попросить Вас объяснить мне Вашу позицию по отношению к сложившейся ситуации. Мне далеко небезразлично всё, что Вы думаете по этому поводу, и я не хочу никаких осложнений в дальнейшем. Я очень надеялся, что Вы как-нибудь отреагируете на мое письмо от первого мая, но Вы проигнорировали его молчанием. Найдите, пожалуйста, Катюша, несколько минут, и напишите мне Ваши суждения по поводу моего письма. Не молчите, ради Бога.

Свой ответ пошлите мне по почте или по факсу. В случае, если Вы не ответите, Ваше молчание будет расценено мною как согласие на мою самостоятельную публикацию книги. Но мне было бы очень дорого узнать Ваше мнение по поводу происходящего. Мне хочется понять Вас.

Искренне Ваш,

А. Парфенов

Парфенов допоздна работал в галерее над очередной редакцией книги. Когда писатель вернулся домой, жена и дети уже спали. В кабинете на столе лежало Катино письмо. Пытаясь предугадать о чем она пишет, Андрей долго держал в руках конверт.

28 мая 1996г.

Андрей.

Я очень рада, что у Вас есть успех с выпуском Вашей книги. Надеюсь она удовлетворит Ваши чувства и планы. Желаю Вам в этом успеха.

Что касается Вашего письма, у меня нет никаких суждений по этому поводу. Все мои суждения, чувства и мысли я хочу оставить при себе. Я не желаю их больше ни с кем делить. Я уже сделала много неправильных шагов и ошибок, и больше не хочу их повторять.

Андрей, я очень прошу Вас больше не

писать, не слать факсы и не звонить мне до тех пор, пока я не сочту нужным с Вами связаться.

Извините меня пожалуйста, если я задела Ваши чувства. Видимо, я очень неопытная в общении с людьми. Я желаю Вам удачи с публикацией книги.

До свидания.

<u>Катя</u>.

Прочитав письмо, Парфенов откинулся в кресле и не моргая смотрел на потолок. От усталости и рассеянного взгляда известковые зернышки начали шевелиться. Теперь можно было без особого напряжения рассматривать всевозможные причудливые рисунки. Достаточно мысленно выделить определенные точки и может получиться всё, что захочешь. Парфенову очень захотелось увидеть Катино лицо, но как он ни напрягался, лишние точки не исчезали и образ женщины, приславшей ему письмо, не появлялся.

Андрей закрыл глаза, но звездочки продолжали мелькать. Их вспышки становились все ярче; ощущение потолка, усыпанного белыми песчинками, исчезло. Парфенову привиделось ночное небо над пустыней, и в многолюдьи планет он пытался найти единственный огонек, способный вывести его из лабиринта.

-Так недолго сойти с ума, - произнес он вслух. -Нельзя жить по ту и по эту сторону одновременно. Катя, вчера я видел вас во сне. Вы меня попросили приехать на каток, и я исполнил ваше желание. Наши глаза встретились, но никто из нас так и не решился сделать шаг навстречу. Что за непроницаемая стена между нами? Не понимаю, почему все так усложнилось. Господи, только Ты можешь разобраться в этом.

Послышался скрип паркета, дверь тихо отворилась, и в комнату вошел человек в длинном коричневом плаще.

-Антоний? - шепотом спросил писатель.

Ответа не последовало. Лицо небесного посетителя излучало покой и свет, на него хотелось смотреть не отрываясь.

-Я представлял тебя несколько иначе, - заговорил Парфенов, - но, тем не менее, ты очень похож на моего героя, которого я создал в своем воображении.

-Твое воображение здесь не при чем, - раздался спокойный голос собеседника, - я существую независимо от тебя.

-Но ведь до появления моей книги тебя не было.

-А тебя не было до моего появления.

-Как? - удивился писатель.

-Я - заступник души Екатерины, мне велено сопровождать её. В скорбные минуты я не оставляю ее ни на миг. Меня не должны замечать люди, но когда ты впервые встретился с Катей, я позволил тебе увидеть себя; мне хотелось избавить тебя от ненужных волнений и вопросов, поэтому ты думаешь, что я всего лишь плод твоего воображения. Ты очень хорошо рассказал обо мне Кате, она поверила, что я рядом.

-Мне казалось, я делал это по собственному желанию, - сказал Парфенов, чувствуя радость от общения с Антонием.

-Ты прав, без собственного желания человек не исполнит желаний Бога.

165

-Отчего же тогда все зашло в тупик, - спросил Парфенов, - если я исполнил желание Бога?

-Тупиков не бывает. Когда перед тобой вырастает стена, ты должен над ней подняться. Когда тебя бросают в каменный склеп, ты должен пройти сквозь скалы. Люди придумали тупики для оправдания своих пороков: лени, слабости, безразличия. О каких тупиках может идти речь, если человек живет вечно?! Я знаю, ты очень сожалеешь о несостоявшейся мечте. На самом деле все состоялось. Весь смысл заключался в том, чтобы вы с Катей встретились. Ничто не может быть дороже ее души; фильмы сотрутся, книги истлеют, а душа пребудет вечно. Воплощение твоих идей потребовало бы от Кати огромной энергии, как раз той, которой у нее сейчас нет. Поэтому я повел тебя другим путем, чтобы ты научился истинному состраданию, пониманию и любви.

Парфенов очнулся и встряхнул головой. Светало. За окном накрапывал дождь. Время, как древняя старуха, дрожащими руками перебирало четки дней. Было это во сне или наяву? И вообще, живем мы или бредим?

Отодвинув в сторону кресло, он склонился на колени у стола и взял в руки листок.

<u>30 мая 1996г.</u>

Простите меня, ради Бога, Катенька.
Я не хотел причинить Вам боли. Ваша просьба будет исполнена: я не стану отсылать написанных Вам писем. Но только вы не представляете, какая это относительная вещь - расстояние между людьми. Когда я ехал к Вам первый раз, дорога тянулась сорок минут: крутые повороты, холмы, лес. Долго, очень долго я ехал. В следующий раз я оказался рядом с Вашим домом минут за десять, хотя часы добросовестно отсчитали те же сорок минут.

Недалеко от нашего дома на высоких холмах раскинулся чудесный парк, откуда вся окрестность видна как на ладони. Недавно мы с Танюшей привозили туда детей, и, любуясь зеленью вокруг, я неожиданно заметил ту высокую гору в Симсбери, у подножья которой находится Ваш дом. Вы, оказывается, живете совсем близко от нас, на расстоянии одного мгновенья. Господи, что творилось со мной! Я понял, что нас ничто не разделяет, я бросился к Вам по воздуху и уже через миг стоял у двери, пытаясь достучаться до Вас, но никто не открывал. Обливаясь слезами радости, я сделал открытие, что где-то совсем рядом есть вершина, поднявшись на которую можно увидеть Сережу, просветленные души умерших, и парящих над ними ангелов. И знаете, где эта вершина? В нас самих! А дорога к ней - наша душевная чистота.

Я очень сожалею, что у меня не хватило терпения и кротости подождать, когда Вам станет легче, чтобы дописать книгу, и потом вместе с Вами встретиться с представителями "Disney Picture", чтобы обговорить возможности мультипликации «Фламинго». Но, возможно, мы встретимся с Вами на каком-то новом этапе жизни. Я верю, что ни одна светлая мечта не пропадет даром. Ветер вырвал семена из рук мечтателя, но ведь когда-то они все равно упадут на землю, и хотя большинство семян затопчут, какое-нибудь зернышко обязательно превратится в целебный цветок.

Найдутся люди, которые скажут: не следует напоминать Кате о Сергее, ей нужно скорее забыть прошлое и создавать новую жизнь. Но эти люди слишком поверхностно воспринимают человеческую душу. Можно снять со стен все портреты, убрать все вещи умершего, но память вымести из сердца невозможно. У одного эта память словно осколки разбитого зеркала: человек пытается разглядеть в них прошлое, но ничего кроме собственных печальных глаз не видит. Всякий раз он ранится о стекло и страдает. У другого память об ушедшем напоминает цветы, за которыми следует ухаживать, следить, чтобы не заросли бурьяном тоски и полынью беспамятства. И любуется такой человек своими незабудками без слез, а если иногда и заплачет, так это слезы облегчения, они все равно что роса для цветов. У третьего память похожа на чайку в небе; смотрит он как она парит над волнами и думает: я тоже в душе птица, стало быть, мы неразлучны.

Бессознательный человек ничего доброго с памятью сделать не может; навалится она на него грудой камней, вот он и будет носить тяжкую ношу всю жизнь. Сознательный же обработает бесформенные камни, подгонит их один к одному и построит дивную обитель памяти, где всегда будет гореть огонь, чтобы странник небесный в любую минуту мог найти себе приют.

Здесь, Катя, я хочу покаяться перед Вами. Не следовало мне торопить события, нужно было дождаться, когда Вы сами построите дивную обитель памяти для Сережи, а я ворвался со своими архитектурными предложениями и только мешал Вам самой во всем разобраться. Это было моей большой ошибкой, не держите на меня за это обиду. Слишком необычно и неожиданно Сережина судьба вошла в мою жизнь, похоже, я не был к этому готов. Но мне хотелось только доброго.

По письму видно, что, разочаровываясь в людях, Вы хотите замкнуться в себе. Не делайте этого, Катюша, не создавайте вокруг себя толстой скорлупы, потом ее трудно будет пробить. Не теряйте веру в человека, без веры очень тяжко жить.

Теперь я буду стараться чаще подниматься на высокий холм, смотреть в сторону Вашего дома и молитвенно желать Вам счастливой и благословенной новой жизни. Меня не покидает желание сделать для Вас что-то по-настоящему значимое, весомое, долговечное. Давайте, например, посадим в честь Сережи дерево рядом с катком в Симсбери. Это будет целое событие для Центра фигурного катания, и еще это будет похоже на воплощение сказки. Пройдет тридцать лет, Вы привезете внука на каток, а дерево будет шуметь листвой и разговаривать с Вами. Это же праздник, это же вечность. Мой папа говорил, что человек обязательно должен посадить дерево. Представляете, какое это будет торжество жизни: соберутся близкие люди, привезут саженец, и когда его опустят в лунку, Вы с Дашенькой присыпете корешки землей. Боже, это ведь такое таинство! Когда-то Вы бросили горсть земли на крышку гроба, подтвердив тем самым, что Вы принимаете закон смерти и тления. Теперь же, бросая землю на корни молодого дерева, Вы провозглашаете закон воскресения и вечной жизни. Корни опускают в землю затем, чтобы ветви тянулись к небу. Тело хоронят в земле для того, чтобы вечная душа поднималась к Богу. Да здравствует жизнь! Каждую минуту, когда Вы спите или тренируетесь, посаженное деревце будет тянуться ввысь и напоминать о вечном. Должны состояться два погребения: в первом Вы похоронили свое счастье, во втором - Вы похороните свое горе. Этим истинам тысячи лет, только не все люди помнят о них.

Боль и трагедия давно в прошлом. Вы - наисчастливейший человек на планете, потому что умеете приносить людям радость: когда зрители видят как Вы катаетесь - даже у самых грубых душа умиляется.

Простите, что не могу проститься с Вами.

А. Парфенов

30 июня 1996г.

Здравствуйте, таинственная Катя.
Прошло шесть месяцев с тех пор, как я отправил Вам свое первое письмо. Неужели прошло всего полгода? Представляю, с каким безразличием Вы смотрите на часы и календари, беспристрастно отсчитывающие время, одинаковое для всех. Часы опаздывают на целую жизнь. Уже давно две тысячи какое-то лето, если к нынешнему году прибавить Сережину жизнь.

Благодарю Вас за то, что позволили так близко подойти к Вашим печальным глазам и причаститься Вашей боли. Вы подарили мне такие переживания, пройдя через которые невозможно оставаться прежним.

Напрасно я негодовал на то, что моя затея не удалась. Я сделал, что мог, но не все зависело от меня. И не все было в Вашей власти. Здесь без вмешательства Провидения не обошлось. Сейчас, когда чувства и амбиции улеглись, это особенно ясно.

Заканчивая книгу, я почувствовал, что в ней не достает одной Сережиной поэмы. Сначала мне казалось, что в ней он должен обращаться к своей матери. Потом я понял, что поэма должна быть адресована всё-таки Вам, но в ней будет место, где душа Сергея разговаривает со своими родителями. В течение трех недель я жил этой темой, делал наброски, искал ритм: казалось, еще чуть-чуть и все выльется на бумагу.

Однажды после десяти вечера я приехал в галерею с тем, чтобы написать поэму. В галерее мне очень легко работается, основную часть книги я написал именно там. Несколько часов я ходил по залам, пытаясь поймать неуловимое.

Было такое ощущение, будто я темной ночью наткнулся на стену и на ощупь пытаюсь обнаружить дверь; иду вдоль стены, которая все тянется, а двери нет и нет. Я устал от этих поисков. Лег на ковер, сложил руки на груди и незаметно задремал. Сон перенес меня через ту стену, и я написал то, что хотел. Хорошо помню тетрадь, обстановку и впечатление от поэмы. Я испытывал блаженство удовлетворения. "Наконец-то я сумел это сделать", - вырвалось у меня. Помню, как я зачеркивал некоторые строчки и заменял их лучшими. Помню прикосновение пальцев к бумаге... Но стоило мне очнуться, как все тут же улетучилось.

Домой я вернулся около пяти утра, и чтобы никого не беспокоить, прилег в гостиной на диване. И вновь повторилось всё, что было в галерее: та же тетрадь, та же ручка, такое же ощущение восторга. "Ну уж в этот раз я унесу с собой поэму", - шептал я просыпаясь. Но снова провал.

И все-таки я был уверен, что в глубине памяти поэма сохранилась. Желая в точности воспроизвести сновидение, через несколько дней я отправился в лес. Часа два бродил между деревьями. Выдумывать не было охоты, хотелось передать именно то, что я видел. Но память запечатлела только отдельные обрывки.

Лечу, свободный дух, гонец развоплощенный,
Крылами рассекая облака....

    Трагическая весть опережает
    Любого быстроходного гонца...

        Оборванные ветром провода
        Висели, словно змеи, над Землей...

Темнело. Последние птицы слетались к гнездам. Мне не хотелось уходить из леса с пустыми руками, но что-то не пускало к поэме, как будто я стоял у черты, которую не разрешалось пересекать.

Не знаю почему, но вместо досады мою душу вдруг охватила тихая радость. Все эти полгода непонятного мне самому общения с Сережей моя душа словно летела за ним. Было ощущение, что он где-то рядом, совсем недалеко от Земли. Но, видимо, души уходящих с Земли, также как и души приходящих на нашу планету, вначале должны быть зачаты для новой жизни, чтобы по достижении определенного развития, родиться в неё. Человеческая душа не может быть брошена неподготовленной в условия иного мира. Видимо, и для Сергея настал час подняться к новым высотам. Да будет благословенно восхождение его.

Я понял что произошло: наши души встретились на облаках, но потом Сергей улетел ввысь, а моя душа спустилась на Землю. Я попытался приспособить небесное к земным условиям, но здесь другие законы.

Пусть моя поэма останется по ту сторону. Главные события уже состоялись.

Желаю Вам радости и Веры.

С любовью,

А. Парфенов

Напоследок Парфенов решил заглянуть в папку где когда-то хранился сценарий «Реквиема».

-Разве это уже не осуществилось? - спросил он пустое пространство. -Я видел это на экране неба и хотел показать другим, впрочем это можно увидеть и без экрана, если захотеть.

Из папки выпал сиреневый листок, который он не мог найти во время последней встречи с Катей в галерее.

Екатерина - Сергею.

Забыть? Но, Боже, как забыть,
Когда я вся сплошная память?
Не сгладить, не стереть, не смыть
Всего, что было между нами.

Твой дух дыханьем вечных звезд
Мое сознанье наполняет,
И сердце в вечность увлекает,
Туда, где ты свиданья ждешь.

Сирень былого вмерзла в лед.
Лечу над прошлым в день грядущий.
Боль стихла. Радости Несущей
Молюсь, и помню: все пройдет.